面试官手册

成为有魅力的面试高手

李威 著

INTERVIEWER'S HANDBOOK

電子工業出版社
Publishing House of Electronics Industry
北京・BEIJING

内 容 简 介

本书从招聘初心、招聘心理、行为面试法、面试前准备、正式面试、面试后决策、魅力面试官等方面，建立统一的识人与选人的原则和方法，降低由于错误招聘给企业造成的影响和成本浪费，将招聘实战做到极致，并将实战型招聘进行到底。

本书不仅从企业层面，还从面试官层面，介绍了招聘思维方式和解决办法，助力企业最终招聘到真正与企业职位要求和价值观一致的员工。

图书在版编目（CIP）数据

面试官手册：成为有魅力的面试高手 / 李威著. —北京：电子工业出版社，2021.1
ISBN 978-7-121-39997-8
Ⅰ. ①面… Ⅱ. ①李… Ⅲ. ①企业管理－招聘－手册 Ⅳ. ①F272.92-62
中国版本图书馆 CIP 数据核字（2020）第 231212 号

责任编辑：张 昭　　　　特约编辑：田学清
印　　刷：三河市鑫金马印装有限公司
装　　订：三河市鑫金马印装有限公司
出版发行：电子工业出版社
　　　　　北京市海淀区万寿路 173 信箱　　邮编：100036
开　　本：720×1000　1/16　印张：14　字数：190.4 千字
版　　次：2021 年 1 月第 1 版
印　　次：2021 年 1 月第 1 次印刷
定　　价：58.00 元

凡所购买电子工业出版社图书有缺损问题，请向购买书店调换。若书店售缺，请与本社发行部联系，联系及邮购电话：（010）88254888，88258888。
质量投诉请发邮件至 zlts@phei.com.cn，盗版侵权举报请发邮件至 dbqq@phei.com.cn。
本书咨询联系方式：（010）88254210，influence@phei.com.cn，微信：yingxianglibook。

序言

preface

随着资本的壮大，企业的重心从产品驱动转移到技术驱动，又从技术驱动转移到人才驱动。作为一个企业家，当你拥有人才并能够“激活”他们的时候，这意味着你离建立一个成功的企业更近了一步。

最初李威和我一起工作的时候，我负责业务，他负责招聘；后来我们共同从事人才潜能的评估和组织的学习与发展等专业工作。在多年的工作实践中，我们发现如何发掘高潜人才，以及如何拥有并“激发”他们是大部分企业面临的难题。

大多数企业在招聘时，都会遇到一些问题。例如，某企业花费重金招聘了一位高管，在半年后却发现这位高管不能胜任岗位工作。企业支付的费用是显性的代价，隐性的代价是半年时间对企业业务的耽误，甚至会产生一些负面影响。对个体而言，这位高管则浪费了半年的宝贵时间。

我也曾看到一些快速发展的服务型公司，每年虽然有数千人入职，但是其离职率一直居高不下，这会产生巨额成本并导致巨额浪费。

李威通过总结自己多年的实践经验，在本书中以全新的视角讲述了招聘人员应如何通过面试来为企业招聘到合适的人才。从业内人士的角度看，本书具有很高的参考价值。

如何站在企业层面和岗位层面招聘人才，如何客观地考虑应聘者的潜力激发和个人发展，如何使面试成为一场企业用人文化的魅力“秀”……这些都是为了人尽其才，使企业成为人才尽情“表演”的舞台。

我认真阅读了本书，它给我带来了全新的体验。我相信本书一定会给大家带来一些启示。在此祝愿每个企业家、创业者、招聘经理、应聘者，都能够通过阅读本书有所收获。

路烽

马丁森集团总裁

托马斯国际（中国）总经理

前 言

Introduction

倍智人才研究院发布的《2018年度中国企业人才供应链管理成熟度TMI™白皮书》指出，标杆公司将30%的资源前置到人才选拔阶段，在人才供应链管理中思考“谁”（选谁、培养谁、谁是后备、谁是高潜）的问题比怎么培养人更重要，选对才是第一位的。

正因如此，乔布斯把大约四分之一的时间用在招聘上，通用电气公司前总裁杰克·韦尔奇也称“发掘、考核及培养人才，占我所有时间的60%～70%”。现在，世界一流的企业已有一个共识：找对人比做对事更重要。

我写过很多文章，做过上百场培训，曾系统地为受训者讲述如何用好人，但是从我多年来招聘了上千人与对这些人入职后的观察来看，所有的一切都要回到问题本源，即选好人才是前提。作为企业管理者，想要打造精英团队，选人这个环节至关重要。这不单单是人力资源从业者的事情，也是企业管理者的任务。作为主要负责招聘的人力资源从业者（也就是面试官），恰恰处于选人的最重要位置。

在大多数招聘中，面试官通常会遇到各种问题和陷阱。比如，面试官容易被应聘者的第一印象误导，认为戴着老式眼镜、扎着简单马尾辫、素颜而朴实的女士更适合当老师，而活泼、外向、时尚、善于表达的人则更适合从事销售类、公关类工作。再如，有的面试官被应聘者的美貌所吸引，而忽略了应聘者的技能并不是目前岗位需要的。

在招聘中，很多表面的现象往往会误导面试官，以至于使其做出错误决策，带来不良后果。详细挖掘和抓取应聘者过去的行为，了解其在过去某方面技能的掌握程度，这比在面试时凭第一印象和直觉判断来得更加准确。这其中涉及“行为面试法”。

什么是“行为面试法”呢？行为面试法是通过要求应聘者描述其过去工作或者生活经历的具体情况来了解应聘者各方面素质特征的一种方法。行为面试法的核心逻辑来自心理学的一致性原则，即通过一个人过去的行为可以预测这个人将来的行为。

在研究了多种面试方法后，我发现行为面试法成本低、可行性强、有很强的理论依据和科学性，并且具有很高的可信度，其可信度高达0.48～0.61。因此，要想在短时间内快速了解一个人，在诸多的方法中选用行为面试法是十分明智的。利用行为面试法，我为企业挑选了上千名适合岗位的人才，他们都在自己的岗位上取得了很好的成绩。在本书中，我将自己多年来的实践经验分享给大家，书中不但涉及理论知识，而且有实战案例和测试，让大家能够直接用于实际的面试。

在一场面试中，如何进行开场白，如何在面试中与应聘者互动并获得其行为实例，如何进行收尾与互动，以及如何安排面试的时间，书中都有详细叙述。

一场面试想要完美完成，不仅在于面试的几十分钟，更在于面试前的充分准备，如掌握应聘者足够的信息，详细了解岗位标准，提前设计好面试问题等。只有将准备工作做充分，面试官才能在面试中如鱼得水。正所谓“台上一分钟，台下十年功”，因此必要的面试准备一定要做充足。

一场面试结束后，面试官需要做出重要的面试决策。面试官不能仅凭借面试的时候对应聘者的印象或者自己主观的意识，就草率决定是否录用某位应聘者。只有经过系统、客观和科学的评定，才能做出正确的决策，为企业选出优秀的人才。这也是本书中我想传达给大家，并告诉大家具体应该如何做的。我试图用简洁直白、通俗易懂的语言，以及易操作、易付诸实践的方法让大家快速吸收，迅速应用于面试实战中。

在一个企业中，销售岗位很重要，管理岗位也很重要，面试官的位置更是不可或缺的。作为一个人力资源从业者、一个面试官，你是否从内心觉得自己很重要，并自觉不断提升自己的面试水平，还是觉得面试只不过是走个过场，因而敷衍了事呢？

实际上，一个面试官的水平如何，是否专业，是否有魅力，应聘者是能够直观感受到的。我们不妨从应聘者角度来看一下：那些无法进入企业的应聘者，会将面试中形成的体验同其他应聘者分享，从而形成企业在用人方面的品牌效应；那些通过面试进入企业的应聘者，又会受到面试中体验的暗示，形成对企业的看法、对企业文化的看法和对企业用人模式的看法，进一步影响他们对工作和职位的看法。因此，面试官要真正从内心意识到自己是非常重要的，并不断从各方面提升自己选人的能力，做一个有魅力的面试官。这是我一直以来努力和前进的方向，也希望这会成为所有面试官的目标。在此，与所有人力资源从业者同行、共勉。同时，我希望本书中所讲述的内容对大家有所帮助，这是我将多年经验精心汇总成书的最大目的与心愿。

目 录

Contents

第一章

Chapter ★ 01

回到招聘的初心

» 招聘不仅是识人，还是用人哲学

» 重新认识自己的心流模式

» 招聘一定要懂得的几种模式

» 招聘的最终目标：成人达己，成己为人

我的感悟就是招聘更像是在传递一个企业或用人者的文化理念，并包含了用人哲学，而不仅仅是我们通常所认知的识人的技术！

招聘不仅是识人，还是用人哲学

某部电影里有句经典台词，我印象非常深刻：“21 世纪什么最珍贵，人才！”的确，当今社会最珍贵的就是人才。一个优秀的人才带来的价值是不可估量的。

乔布斯曾在一次讲话中说过：“我过去常常以为出色的人才能顶 2 名平庸的员工，后来发现能顶 50 名。”也因此，乔布斯把大约四分之一的时间用在招聘上，他一生中曾参与过 5000 多人的招聘，才最终组建了全球顶尖的苹果核心团队。

在社会发展突飞猛进的今天，最珍贵的是人才，最难找的也是人才。通用电气公司前总裁杰克·韦尔奇也称“发掘、考核及培养人才，占我所有时间的 60%～70%”。

现在，世界一流的企业已有一个共识：找对人比做对事更重要。无数企业花费大量的资金和人力去寻找人才，然而仍然有很多人才被错过，企业常为此感到惋惜。

实际上，寻找人才的人是人才战争的核心所在。韩愈在《马说》一文中曾提出这样的观点：“世有伯乐[①]，然后有千里马。千里马常有，而伯乐不常有。”

如何找到最适合的人，如何最大化的人尽其才……所有的焦点都集中在伯乐身上！

---

① 传说中，天上管理马匹的神仙叫伯乐。在人间，人们把精于鉴别马匹优劣的人，也称为伯乐。第一个被称为伯乐的人本名叫孙阳，他是春秋时代的人。由于他对马匹的研究非常出色，人们便忘记了他本来的名字，干脆称他为伯乐。

伯乐寻找千里马，企业寻找人才的过程，从实践上来讲，其实就是招聘的过程。那么，招聘是什么？招聘也叫“找人”“招人”“招新”，就字面含义而言，就是某主体为实现或完成某个目标或任务，而进行的择人活动。

招聘，一般由主体、载体及对象构成，主体就是用人者，载体是信息的传播体，对象则是符合标准的求职者。由此可见，三者缺一不可。

字面上的解释很充分，但根据我多年的经验，人才招聘有着更深层次的含义。

“我的感悟就是招聘更像是在传递一个企业或用人者的文化理念，并包含了用人哲学，而不仅仅是我们通常所认知的识人的技术！”

重新认识自己的心流模式

在以往与招聘面试有关的培训中，一开始我总喜欢问一个有趣的问题：

“回忆自己曾对工作忘我投入的一段经历，你会用哪些词语/短语来描述这种感觉或记忆呢？此时此刻，进入你脑海中的是哪些词语/短语呢？”

“时间飞快……

“不觉得累……

“十分兴奋……

“累并快乐着……

“成长……”

很多词语/短语会从应聘者的口中蹦出，然后我会继续提问：“你现在还有这种感觉吗？”

如果没有这种感觉，那么是什么原因引起的呢？是觉得日常工作太简单、枯燥，是觉得没有上升的空间，是缺乏再学习的欲望，是对工作失去了热情，是遇到了一个不喜欢的领导，还是与企业的价值观格格不入……我相信任何一个理由都会让你无法重新对工作投入热情，甚至会产生负面想法。

据调查，60%的人都在做着自己不喜欢的工作，但是他们不得不在自己的岗位上坚守，因为他们需要生存、需要养家，因为这个世界很残酷……

在很多人眼中，60%这个数据已经很惊人了，但在我看来，这个比例比实际的比例还低。我曾在培训中做过相关测试，我发现与会人员有大约 80%的人对目前的工作不满意，称自己不喜欢目前的工作，即便其中有些人拿着让很多人羡慕的高薪。

我曾经看到有文章称有 99%的人在从事着自己不喜欢的工作，显然这个数据夸大了，但不可否认现实中大部分人都在从事着自己不喜欢的工作。

当一个人从事自己喜欢的和不喜欢的工作时，他的体验是截然不同的。

就如前面我们讲的那些描述性词语/短语，当我们做着自己喜欢的事情时，体验是这样的：因为沉浸于手上的某件事情，忘记了时钟的摇摆，感觉时间过得飞快，累并快乐着……

我们常常用“忘我”一词来形容这种状态。**这种专注和忘我的状态在心理学上称为“心流”（Flow）。**

根据积极心理学家米哈伊・奇克森特米哈伊[①]在 2004 年提出的理论，心流指的是当人们沉浸在当下的某件事情或某个目标时，全神贯注、全情投入并享受其中而体验到的一种精神状态。米哈伊・奇克森特米哈伊认为心流可能是人们获得幸福的一种途径。

在一次采访中，米哈伊・奇克森特米哈伊将人们进入心流时的状态描述为：“你感觉自己完完全全在为这件事情而努力，就连自身也因此显得很遥远，感觉时光飞逝。你觉得自己的每个动作、想法都如行云流水般发生、发展。你觉得自己所有的能力都被发挥到了极致。”

---

① 米哈伊・奇克森特米哈伊是积极心理学运动的主要倡导者之一，其开创的幸福流理论是积极心理学重要的研究领域。幸福流是幸福的心理体验、和谐的心理状态，能够促进个体保持内在动机，它被广泛应用于体育竞技、教学设计和电子商务领域。

米哈伊·奇克森特米哈伊将心流定义为：一种将个体注意力完全投注在某活动上的感觉；心流产生时会产生高度的兴奋感及充实感。米哈伊·奇克森特米哈伊提出使心流发生的活动具有以下特征。

1. 我们倾向于从事的活动。

2. 我们会保持专注的活动。

3. 有清晰目标的活动。

4. 能立即回馈的活动。

5. 我们对这项活动有主控感。

6. 在从事活动时我们没有忧虑感。

7. 从事的活动能使我们主观的时间感改变（如我们可以从事很长时间的活动却感觉不到时间的消逝）。

8. 活动具有不断优化的障碍——我们对所从事的活动是力所能及的，且活动本身具有一定挑战性，我们可以通过不断努力来提升跨越障碍的能力。

人们的绝大多数心流是在工作时产生的。也就是说，人们在工作中应该会产生最多的心流，按理说，人们应该喜欢工作。但是，事实上很多人不喜欢自己所从事的工作，这似乎是一个无解的悖论。也许在刚开始工作时，人们会有新鲜感，但随着时间的推移，当人们熟悉了工作后，新鲜感就消失了，厌倦随之而来。当厌倦占据了人们的头脑时，人们就越来越讨厌工作，用来形容这种状态的负面词语/短语也就越来越多。

招聘一定要懂得的几种模式

在早年的一次培训中，我接触过一个有趣的模型，该模型是由伦勤系统建立的，叫作战略人力资本管理模型，简称 TOP 模型，其中 T 代表“人才”（Talent），O 代表“组织”（Organization），P 代表“岗位”（Position）。

人才是企业组织架构中最小的单位，是单个的自然人，是为企业的发展进行创造性劳动并做出贡献的人，包括现有企业员工、待招聘的求职者。

组织是有特定目标和一定资源，并保持某种权责结构的群体。我们可以将其理解为通常意义上讲的企业组织，或者一个大型项目的组织单位。

岗位是组织权责分解的最小单位，组织的发展战略最终要落实到各个具体的岗位上。

企业实施战略人力资本管理的目的是建立与战略相匹配的组织能力，以高效推动战略执行。组织是企业战略这艘大船的掌舵者，把控着行驶的方向。发展战略需要落实到各个具体的岗位上，各个岗位上的执行者就是该岗位上的人才。企业要想取得好的执行效果，就要求人才的能力足够胜任这个岗位，并且在执行的过程中需要组织提供良好的工作氛围，要求企业具有和谐的企业文化，人才具有与企业一致的价值观。

组织、岗位和人才，这三者是互相关联、互相依存的，当三者达到平衡时，企业组织能力与发展战略最为匹配，发展战略的执行才能达到最优效果。

让我们回到本章“重新认识自己的心流模式”一节中讲的“心流”上。当“心流”与工作结合时，当我们全神贯注做一件事情时，当我们在工作中持续得到“心流”时，我们不妨把TOP模型改为S-V-P“工作心流”模型，如图1.1所示。

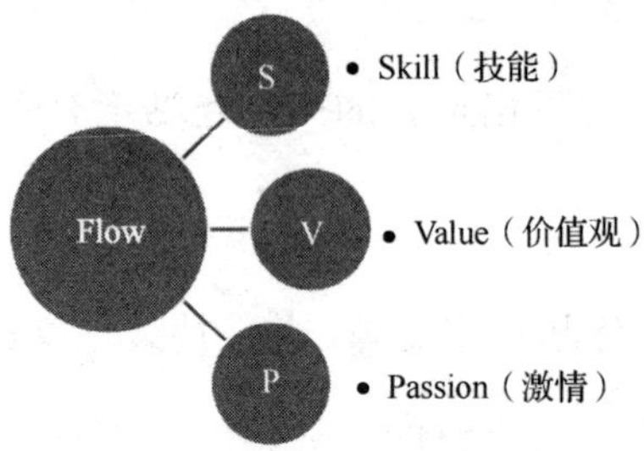

图1.1　S-V-P“工作心流”模型

在S-V-P“工作心流”模型中，S、V、P分别是Skill、Value、Passion的英文首字母缩写。

S是指技能，你是否具备做好一份工作的能力。

V是指价值观，你的价值观是否与组织的价值观相匹配。

P是指激情，你是否有激情去做这份工作。

其中，V代表的价值观在很多情况下可以指你与你的直接上级或工作团队的价值观是否匹配，或者用艾德佳·沙因[1]对文化的解释，就是你所习惯做事的方式和所在企业做事的方式或直接上级做事的方式是否一致。

技能是做好一份工作的基础，价值观决定着一个人可以做多久、走多远，而激情是开始做一份工作的初心。技能、价值观和激情是衡量一个人在工作中是否适配，是否在企业中达到最佳工作状态的重要因素，通过对三者进行分析，有助于快速衡量人岗是否匹配，预估人才是否能够在企业中充分发挥价值，在一个良好的工作状态下，为企业创造利润，这就是“工作心流”。

当技能、价值观和激情达到平衡时，人才可以获得最好的“工作心流”。如图 1.2 所示，技能、价值观和激情规则地并在一起，形成一个圆形，这时候，人的工作状态是最佳的，此时人会产生高度的兴奋感和充实感，达到物我两忘的境地。设想一下，你具备做好一份工作的能力，你在做自己喜欢的事情，你喜欢自己工作的氛围（你与你的直接上级及工作团队的价值观吻合），那么你的状态会是怎样的呢？

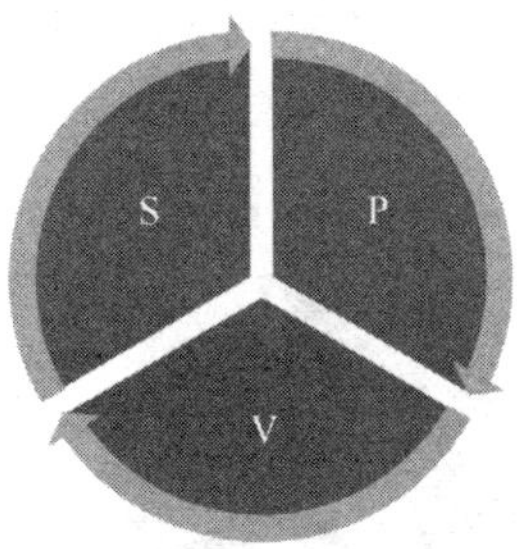

图 1.2　S-V-P“工作心流”模型分解图

① 艾德佳·沙因：企业文化与组织心理学领域的开创者和奠基人。

“时间飞快……

“不觉得累……

“十分兴奋……

“累并快乐着……

“成长……”

我们再来看看在“重新认识自己的心流模式”一节中讲的那些正面描述性词语/短语，其实这就是“工作心流”的体现。倘若一个人工作时总能达到这种状态，那么其工作效率必将大大提升，工作也会更充实、开心。

如果一个人能达到最佳的“工作心流”状态，那么当然是值得恭喜的。实际上，大多数人在技能、价值观、激情三个方面是达不到平衡的。我们以不同的应聘者为例，来看一看三种不同状态的组合——应聘者 A、应聘者 B、应聘者 C。

如图 1.3 所示，应聘者 A 的技能和价值观都能满足企业要求，但其激情不足。

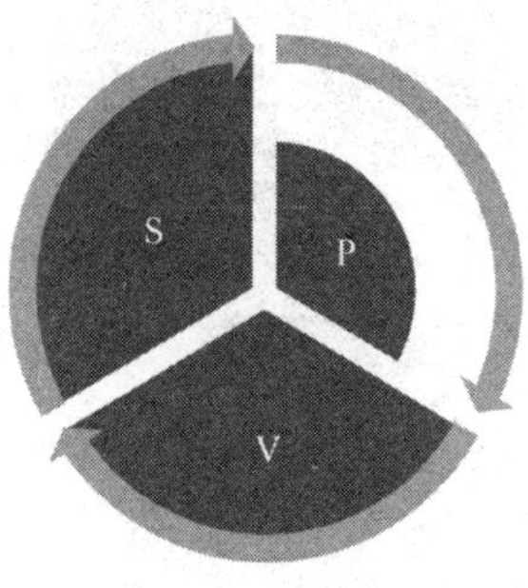

图 1.3　应聘者 A 的“工作心流”

我们再来看应聘者 B，如图 1.4 所示，他的激情和价值观都能满足企业要求，但其技能不足。

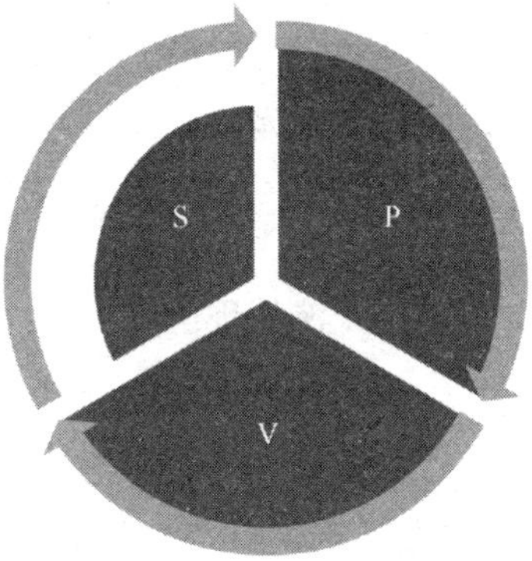

图 1.4　应聘者 B 的“工作心流”

思考

如果以上两个应聘者同时出现在你的面前，你会选择哪个应聘者呢？

在我以往的培训经历中，很多面试官会毫不犹豫地选择应聘者 A。他们的理由是：应聘者 A 的能力强，具备做好这份工作的技能，同时价值观也和企业的价值观吻合，而对于激情他们几乎不考虑，或者认为理论上也无从下手。对于应聘者 B，很多面试官认为工作光有激情和与企业吻合的价值观是不够的。

但是，根据我多年从事人力资源管理工作的经验，我发现事实并非如此。应聘者 A 不一定是最合适的人选，从“心流”角度来看，他进入“工作心流”的难度远远大于应聘者 B，尽管他在某些方面很优秀。

我们试想一下，是培养一个人的技能容易，还是让一个人充满激情容易呢？在实际工作中，我们不难发现，学一项技能，只要花费时间，付出努力，大多数人都能学会。但是，对焕发一个人的激情来说，其中涉及的因素错综复杂，是谁也无法保证的。

下面，让我们具体来分析一下这两类人。

应聘者 A 代表的这类人具有足够应对岗位的技能，且价值观与企业相吻合，但是他们对岗位的激情不足或对类似的岗位已经渐渐失去了激情。

我曾听过这样一个外国的故事。有一个年轻军官刚刚结婚，和自己新婚妻子过着甜蜜的生活。有一天，这个军官接到调令，他需要到一处基地驻守。这处基地不但和他现在的家距离甚远，而且那里接近沙漠，条件非常艰苦。为了与丈夫同甘共苦，美丽的妻子执意陪丈夫一同前往。

来到基地后，这对新婚夫妇发现基地环境非常恶劣，远远超出了他们的想象：这处基地夏天酷热难耐，风沙多且早晚温差极大，更糟糕的是，当地人不懂英语，相互之间日常的沟通交流成为很大的问题。

过了一段时间，美丽的妻子非常难过，她实在没有办法适应这里的生活。于是，她写信告诉父母，她想抛弃这里的一切回家去。

父亲给她的回信没有表示支持还是反对，信里面只有两行字：“两个人从牢中的铁窗望出去，一个人看到了泥土，另一个人却看到了星星。”

读完父亲的信，她转变了自己的态度，不再抱怨，而是尽自己所能，努力寻找属于自己的“星星”。

她试着和当地人交朋友，花大量时间研究仙人掌和其他沙漠植物，她静下心来去感受沙漠日落的美丽……于是，原来令她难以忍受的环境逐渐变成了令人流连忘返的景象。

对这位妻子来说，沙漠还是沙漠，当地人还是当地人，那么是什么让她的生活发生了彻底改变呢？是心态，是她对生活的热爱。原来悲观的她，在基地里只看到了“泥土”，当她重拾对生活的热爱后，看到的就是“星星”。

对员工来说，也是同样的道理。在一个企业中，每个人面对的企业环境和日常相处的同事都是一样的。如果一个人对工作没有热情和激情，就会觉得自己在企业里所做的事情不值得做。不值得做的事情，也就不值得做好，甚至不值得在上面花费时间。只有当员工觉得自己这份工作很有意义并对此充满热情时，他们才能在具体工作中大大提高工作效率，创造更多价值，并在企业中找到属于自己的闪耀“星星”。

再来说说众人熟知的李开复。在李开复的职场生涯中，他曾在苹果、SGI、微软、谷歌等公司担任要职，并坐到了顶级公司的顶尖位置。这时候，多数人的选择是继续下去，出人意料的是，李开复做出其他选择。2009 年 9 月 4 日，谷歌全球副总裁、大中华区总裁李开复正式离职。同年 9 月 7 日，李开复宣布创立一个天使投资+创新产品和团队的平台，名为“创新工场”。

关于创办“创新工场”的初衷，李开复曾这样表示：“我和中国青年有着特殊的缘分，我写过书，做过演讲，办过网站，也尝试过教育。我有一种使命感，希望在这特殊的时代，能够帮助他们走得更好……我希望能够和他们在一起，用我之前积累的工作经验，帮助他们建立团队、孕育文化、提升领导力。我希望和他们在一起，给他们提供一个机会，帮助他们实现自己的创业梦想，而我也愿意充当一个创业教练的角色，站在他们身边，告诉他们我所犯过的错误，让他们能够有更大的成功概率。”

正是源于这样一种使命感，源于对这份事业的热情，李开复的“创新工场”获得巨大成功，它开辟了中国风险投资和创业的新模式。

无疑，不管是创办“创新工场”，还是在苹果、SGI、微软、谷歌工作，李开复都是成功的。像李开复这样的成功人士往往在以往的岗位上积累了丰富的经验并拥有高超的技能，而其“工作心流”更取决于他的激情，这份对工作、对事业的激情，让他在任何职位上都能保持高效，从而在市场上占领先机，并通过努力最终获得成功。

应聘者 B 代表的这类人很喜欢应聘的岗位或所从事的职业，其价值观与企业的相吻合，但是其技能不足。

思考

你在过往的经历中会给应聘者 B 这样的应聘者发 Offer（录取通知书）吗？

回顾自己曾经对下属的选择经历，我发现一个很有意思的现象：当我在招聘经理岗位的时候，往往发现最终提供给我录取的应聘者大多是同类企业规模的主管或副经理，或者曾经在一个比我所在企业名气或规模小的企业里扮演过同样角色的应聘者。可是，在招聘时，我从来没有设定过任何限制条件，我为什么这样做呢？

在《刻意练习》一书中，安德斯·艾利克森[①]提到，人的知识和技能分为层层嵌套的三个圆形区域：最内一层是“舒适区”，是我们已经熟练掌握的各种技能；最外一层是“恐慌区”，是我们暂时无法学会的技能；二者中间则是“学习区”，一个人只有在这个区里练习，才可能进步。一份未来能在自己“学习区”进行有效“练习”，且具有高度针对性的工作，对焕发一个人的激情来说，无疑是最佳的选择。当然，在很多情况下，还需要有一个老师或者教练给予指导和帮助。

在我个人的用人经历中，我更倾向于用后者，当然关键还在于对应聘者技能的判断，特别是对其未来成长潜力的预判。

再让我们看看应聘者 C 代表的这类人，如图 1.5 所示。这类人的激情和技能都达标，但其价值观和企业或所在团队的不一致。在实际招聘中，这类人往往是最容易拿到 Offer 的。让我们换一个角度来思考，他们是不是也距离“工作心流”最远呢？

这里我要特别说明一下：如果应聘者的价值观和企业的不吻合，这

---

① 安德斯·艾利克森是佛罗里达州立大学教授、著名心理学家，首次提出“刻意练习”这个概念。

并不代表应聘者的价值观是错误的，当然也不代表企业的价值观有问题。这只是说，单个的人和单个的企业两者的价值观不吻合。

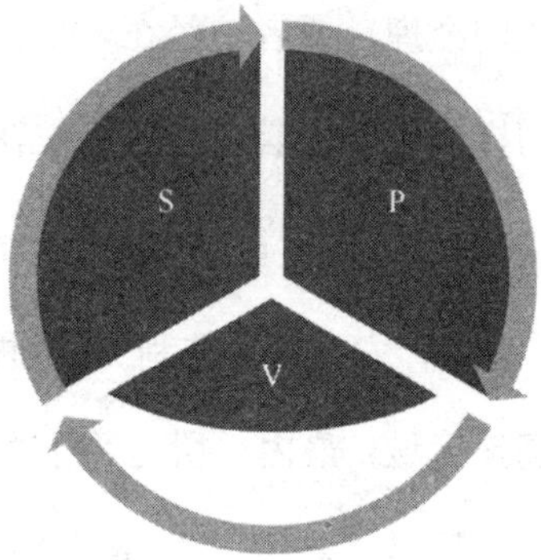

图 1.5 应聘者 C 的“工作心流”

我有一个朋友，他是从事宠物用品行业工作的。他所在公司的员工98%都是喜欢宠物且饲养宠物的。公司里专门设置了一个宠物角，员工可以带宠物来上班，把自己的宠物安放在宠物角里。整个公司的氛围特别融洽。

在 2019 年中国人力资本国际管理论坛上，智联招聘 CEO 郭盛称，其实现在的员工，特别是“90 后”“95 后”对企业是非常挑剔的，95%的员工在选择企业时会把价值观作为重要标准。就像“我能不能养狗”“我周末要不要加班”等，这是员工的工作和生活的关系，也是与企业价值观相关的问题。

上面，我们探讨了企业选择应聘者 A、应聘者 B、应聘者 C 谁最合适。这里，我再介绍两个理论，看看是否能给大家带来不一样的思考。

第一个理论：道尔顿和汤普森的职业发展四阶段理论

职业发展四阶段理论也叫“爬坡理论”，道尔顿和汤普森认为职业发展可以分为四个阶段。

第一阶段：成长依赖期

» 愿意接受监督指导

» 能顺利完成基本的和常规的任务

» 学习“我们”如何一同工作

第二阶段：独立贡献期

» 能为具体的方案承担责任

» 较少依赖监督指导，独立工作并取得重要成果

» 在专业技术和能力上有所提高

第三阶段：指导授能期

» 拓宽技术领域

» 具备更广阔的业务视野

» 在培养他人时扮演经理、导师或创意领导者的角色

» 建立牢固的内部和外部关系网

第四阶段：策划领导期

» 为组织指明方向

» 发现重要商机，引导业务需求

» 支持有潜力的员工，帮助其胜任领导者的职位

» 代表组织处理重大事务

道尔顿和汤普森的职业发展四阶段理论向我们解释了每位员工的成长及工作产出的方式都不一样，工作产出的方式就像一个人的技能提升，看起来像是在爬坡。

用一个通俗的比喻来说明，这个过程就是“菜鸟”—“老鸟”—“老师”的蜕变过程。我们可以把“菜鸟”称为依赖者，把“老鸟”称为独立贡献者，把“老师”称为成熟者。

依赖者、独立贡献者、成熟者是从低到高的三个不同阶段，如图 1.6 所示。各个阶段工作产出的方式也是不一样的。

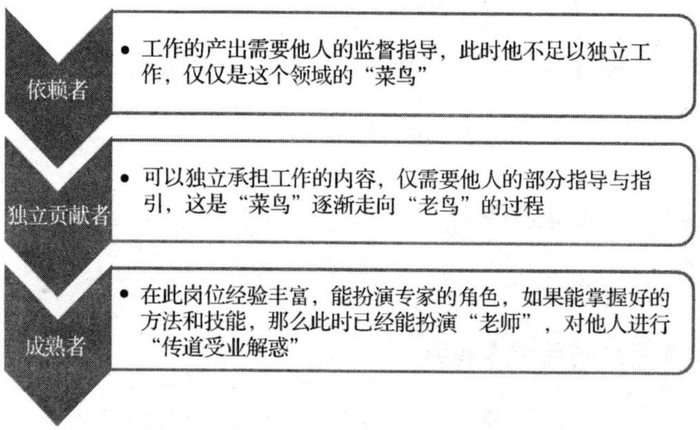

图 1.6　依赖者—独立贡献者—成熟者

在实际招聘工作中，我发现很多有领导力或懂得领导艺术的管理者倾向于选用介于依赖者与独立贡献者之间的应聘者。因为这样的应聘者的激情往往很高，处于这个阶段，他有很大的成长空间，在工作中每天

都在进步与提高，工作的幸福感也更强烈。

一个人成长的阶段也是如此，在爬坡的过程中，你的技能在迅速提升，但与此同时，你的激情可能在降低，很多优秀的管理者能深刻地认识到此点。

思考

永远让你的下属在职业生涯中爬坡是一个比较不错的选择吗？

让自己的下属在职业生涯中爬坡，从表面上看起来是积极的、向上的。但往深一层思考，如果一个依赖者的目标是成为独立贡献者，那么当他达到这个阶段且没有新的目标时，其激情也会随之消失。

也正是由于这个原因，每个人在工作中体验的心流也是断断续续的。

接下来我们谈一谈激情。

如果驱动我们工作的内因，不是来自真正的动力，那么我们经常会感觉自己的工作很累，工作对我们来说就变成了一件很无趣的事情，甚至想逃避工作。你工作的动力来自哪里呢？

第二个理论：DISC 理论

DISC 理论是一种“人类行为语言”，其基础为美国心理学家威廉·莫尔顿·马斯顿博士在 1928 年出版的著作《常人的情绪》。马斯顿博士是研究人类行为的著名学者，他的研究方向有别于弗洛伊德[①]和荣格[②]所专注的人类异常行为，DISC 研究的是由内而外的人类正常的情绪反应。其之后的学者进一步将这个理论发展为测评，也就是 DISC 测评。

如图 1.7 所示，马斯顿的 DISC 理论将人划分为四种风格特质，分别为：

D——Dominance（支配型）

I——Influence（影响型）

S——Steadiness（稳定型）

C——Compliance（服从型）

在与 DISC 有关的培训中，我通常会提一个问题："如果分别用一些中性词语/短语来描述具有 DISC 特征的领导者，你会用哪些词语/短语描述呢？"

---

① 弗洛伊德（1856—1939），奥地利精神病医师、心理学家、精神分析学派创始人，著有《梦的解析》。

② 荣格（1875—1961），瑞士心理学家。1907 年开始与弗洛伊德合作，发展及推广精神分析学说长达 6 年之久，之后与弗洛伊德理念不和，分道扬镳，创立了荣格人格分析心理学理论，提出"情结"的概念，把人格分为内倾和外倾两种，主张把人格分为意识、个人无意识和集体无意识三层。

图 1.7 马斯顿的 DISC 理论

下面我提供了 A、B、C、D 四个选项。

选项 A

1．可以描述的词语：

» 积极进取 Driving

» 争强好胜 Competitive

» 强有力 Forceful

» 爱追根究底 Inquisitive

» 直截了当 Direct

» 主动的开拓者 Self-starter

» 有决断力 Assertive

2．行为特征：

» 主动与他人握手，而且很用力

» 从来不怕目光直视对方，而且表情严肃，让人望而生畏

» 说话的口吻常常是命令式的

» 在谈话中经常打断别人

» 经常被人指出说话快、做事快、走路快、吃饭也快

» 总是质疑他人

» 常常忘记说“请”，很少说“谢谢”，几乎不说“对不起”

3．潜在的领导力：

» 魄力

» 积极主动

» 强驱动力

» 铁腕管理

» 快速高效

» 结果导向

» 敢于直言

选项 B

1．可以描述的词语：

» 有影响力　　Influential

» 有说服力　　Persuasive

» 友好　　Friendly

» 善于言辞　　Verbal

» 健谈　　Communicative

» 乐观积极　　Positive

2．行为特征：

» 爱笑，而且是哈哈大笑

» 总是忍不住想向人炫耀一些“重要资料”

» 喜欢与人热情握手，见面就熟

» 十分健谈，尤其喜欢“煲电话粥”

» 觉得大家说的都有道理，所以对每个建议都表示赞同

» 穿着时尚，至少关注时尚

» 讲话时有很多肢体语言

» 被人说“天真”

3．潜在的领导力：

» 魅力

» 乐观

» 愿景管理

» 激励人心

» 善于沟通

» 激情

» 感染他人

选项 C

1．可以描述的词语：

» 可靠　　　　Dependable

» 深思熟虑 Deliberate

» 亲切友好 Amiable

» 坚持不懈 Persistent

» 善倾听者 Good Listener

» 全面周到 Thorough

» 自制力强 Self-controlled

2．行为特征：

» 握手真诚而友好

» 总是安静和善，面带微笑

» 能耐心地倾听他人说话，不时点头

» 办公室里摆放着家人的照片

» 桌子上的东西摆放得井然有序

» 一般说话慢、行动慢

» 不轻易表态

» 有兴趣做简单重复的工作而不厌倦

3．潜在的领导力：

» 同理心

» 有效倾听

» 谦虚低调

» 沉着镇定

» 亲和力

选项 D

1．可以描述的词语：

» 遵从的	Compliant
» 仔细	Careful
» 有条理	Systematic
» 严谨	Precise
» 准确的	Accurate
» 完美主义者	Perfectionist
» 有逻辑	Logical

2．行为特征：

» 握手矜持而轻微

» 办公室非常整洁，物品摆放有序

» 说话很有逻辑性，喜欢引用数据

» 很在意准时，一切必须按计划进行

» 不习惯与人目光交流

» 肢体语言丰富

» 爱纠正别人细微的错误

3．潜在的领导力：

» 执行力

» 实事求是

» 公正

» 危机意识

» 计划性

» 时间管理

» 以身作则

看了以上 4 种描述，你应该已经猜到答案了！

答案：选项 A 可以描述 D 型领导者，选项 B 可以描述 I 型领导者，选项 C 可以描述 S 型领导者，选项 D 可以描述 C 型领导者。

马斯顿博士在研究人类情绪的时候提出了一个假设。外界刺激在经过大脑思维的处理后，人对这个刺激的认知如果是敌意的、挑战的，则可能产生两种反应——战斗或逃跑，这就是 DISC 理论中的 D 和 C，表示人的情绪是“支配型”的或“服从型”的。如果人对这个刺激的认知是友善的、和平的，有人会选择主动沟通，这就是 DISC 理论中的 I，表示人的情绪是“影响型”的；还有人选择旁观，这就是 DISC 理论中的 S，表示人的情绪是“稳定型”的。

从另一个角度来讲，马斯顿把一个人的特性从做事节奏的“快”和“慢”、做事是“针对人”还是“针对事”两个维度，把人群划分为四个维度。

在前面，我们根据行为特征将 D 型领导者、I 型领导者、S 型领导者、C 型领导者对号入座。现在，根据马斯顿的 DISC 理论划为的四种风格特质，我们再对这四种类型的领导者做进一步的分析。

支配型特质（D 型领导者）——Dominance（支配型）

此类人倾向选择有挑战性的工作或者运动，追求不断扩大自身影响力和显著的进步，渴望对自己工作流程的最大掌控权。

激情来源于：掌控、权力

» 面临新的挑战，需要解决的问题

» 授权承担风险，并进行决策

» 远离例行公事和单调、平凡的事物

» 变动的工作和生活环境

理想的工作环境：

» 着眼于未来的创新意识

» 非常规、具有挑战性的工作和任务

» 不受控制、监督，无须注重细节

» 根据结果而不是方法进行评估

思考

1. 这个职位有足够的掌控权吗？

2. 在这个平台上有足够大的空间进行决策吗（很多时候，决策权不一定与职位等级成正比）？

影响型特质（I 型领导者）——Influence（影响型）

此类人倾向选择参加朋友聚会或者热闹的场合，寻求得到认可。

激情来源于：表扬、认可、互动、融入

» 友好的环境

» 不受规章制度约束

» 让他人处理细枝末节

理想的工作环境：

» 矛盾和争执较少

» 不受严格控制，无须关注细节

» 自由表达观点

» 切合实际的工作规章

思考

1. 这个职位需要更多的人际互动吗？

2. 这是一个“活跃”的职位吗？

稳定型特质（S 型领导者）——Steadiness（稳定型）

此类人倾向选择回归家庭，给家人做一顿饭、和家人在一起，力求平衡工作、生活和自我发展三者之间的关系。他们追求既要避免成为“工作狂”，又要避免工作索然无味。

激情来源于：稳定、安全感

» 忠诚和可信而受到认可

» 规章不会发生经常性突变

理想的工作环境：

» 切合实际的工作规章和体系

» 稳定性和预见性

» 循序渐进地完成任务

» 和谐的团队氛围

思考

1. 这个职位是否有一个稳定的工作环境?
2. 这个职位会进行快速变化或工作内容不断迭代吗?

服从型特质（C 型领导者）——Compliance（服从型）

此类人倾向选择静静地看书或者做自己喜欢的事。

激情来源于：正确、规则

» 高质量标准

» 有限的机会交往

» 内容详尽的任务

» 符合逻辑、有条理的信息

理想的工作环境：

» 能够完成的任务和项目

» 专业性和技术性强的任务

» 切合实际的工作规章和日常事务

» 所做的就是所期待的

思考

这个职位的工作内容是否清晰？

根据马斯顿的 DISC 理论，我们可以通过一个人的行为特征来判断其属于四种特质中的哪一种。每一种特质的特征不同，其对应的理想的工作环境也不同。由此，我们可以推断出这个人是否和岗位、企业的价值观等相匹配，以及其是否能产生良好的工作心流。

如果将 DISC 理论融入工作中，就会影响一个人的工作或职业价值取向。工作或职业价值取向是指人们对职业的倾向性意识和行为，实际上是人们谋取一份职业的社会行为目的，也就是个人在工作和事业方面的持久动机、价值观和期望。比如，具有支配型特质的人喜欢一份能有足够空间的工作，“掌控”很重要；具有影响型特质的人需要在工作中有不断的人际互动，并得到“认可”；具有稳定型特质的人需要更多的“稳定”和“安全”；具有服从型特质的人需要“正确”和完善的规则。因此，DISC理论会体现和影响人们的职业动机、职业理想和择业行为取向。它是人们在从业过程中的驱动力，是职业价值观的核心组成部分。

曾经有许多人做过不同类型的DISC测评，通过对数千份测评结果的观察和跟踪，我发现以下几个重点。

第一，DISC理论中不同类型的风格虽然相对稳定，但可能受个人年龄、生活阅历、工作责任等因素的影响而因时而异、因事而异，从而影响其职业价值取向。

第二，DISC的类型可能是一种风格，如高支配型或高影响型，但是只有少数人的职业价值取向只集中在单个维度上。据相关统计，职业价值取向只集中在单个维度上的人群比例很低。通常情况下，一个人是两三种特质的叠加，只是其中有一个显著的维度，这体现了人的复杂性。

如果把激情与待遇联系在一起那么会怎样呢？个人待遇主要指“金钱”。在图1.8中，纵轴表示待遇，向上表示待遇高，向下表示待遇低；横轴表示激情，向左表示激情低，向右表示激情高。

我们来看一下图1.8中的四个区域。右上角表示一个人从事的是“高待遇”（高待遇是指待遇达到或高于自己的预期）且自己喜欢的工作，在工作中干劲十足、激情满满，能达到心流的状态，也就是说找到了自己喜欢且待遇好的工作。在这种情况下，这个人工作的每一天都感到很愉悦。但是如果一个人处于图1.8所示的右下角的境地，那么要多留意了。

如果一个人得不到预期的待遇，仅凭借自己的激情工作，那么他也不能在工作岗位上坚持太长时间。总有一天，当他成长到一定高度时，就会离企业而去，在此之前他所有的付出是不是在“为他人作嫁衣”呢？

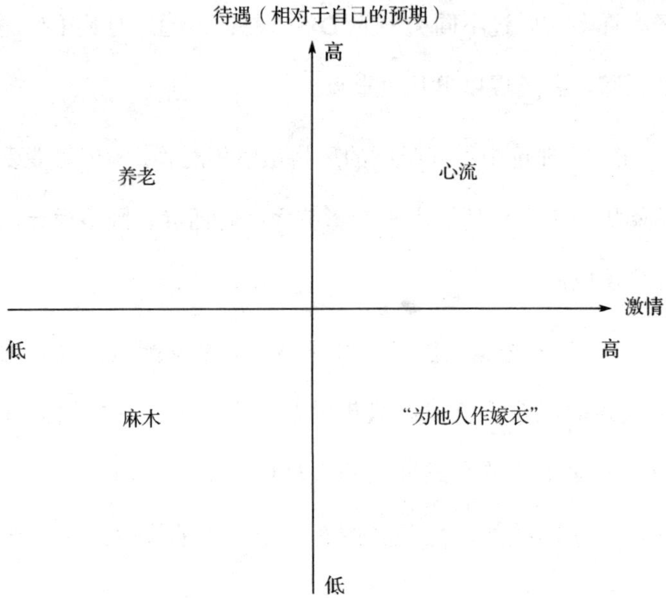

图 1.8　激情与待遇分析

让我们再看图 1.8 的左上角，你能领悟到一份工作给你带来的是金钱还是幸福的区别吗？哪个更持久呢？处于这种情况下的人往往享有比较满意的待遇，但是他对工作没什么激情，此份工作只是能让他安心养老罢了。

最后让我们看一下图 1.8 的左下角。这部分人既没有获得高待遇，也没有足够的激情。这个问题是非常严重的，也是我在多次培训中着重提出的，希望更多的人关注这一点。否则，如果这种状况持续恶化，那么后果不堪设想。

招聘的最终目标：成人达己，成己为人

前面我们讲到了 S-V-P“工作心流”模型、道尔顿和汤普森的职业发展四阶段理论，以及 DISC 理论和激情与待遇分析，这些对于招聘有什么意义呢？

这是一个很有意思的话题。在关于领导力和招聘的培训中，我每次都会留出足够的时间让大家讨论。

思考

在招聘前，你是否会花时间深入研究和明确所在组织和职位的需求及挑战，然后结合 S-V-P“工作心流”模型、道尔顿和汤普森的职业发展四阶段理论及 DISC 理论或其他方式进行综合考虑呢?

在我个人成长的过程中，经历了不同角色的转变，对于招聘的理解也越来越深刻！如果你找到了自己非常喜欢的工作，那么你知道真正激励你的是什么吗？

回顾我的人生，任职于托马斯国际的那段历程，是令我难以忘记的。当时，我的上司赋予了我足够的权力，我从那时起，渐渐从一个人力资源从业者转为商业管理者，同时拥有了更多的机会，得到了更多人的认可，还学到了新领域的知识。

那段经历让我领悟到：**在招聘时，面试官应全面衡量应聘者的才能、应聘者的激情来源及组织和岗位的需求，为应聘者创造更多的机会！没错，招聘的含义不仅是为组织甄别优秀人才、助力组织成功，还是帮助应聘者获得成功！**

2017 年 2 月 23 日，在中国篮协第九届全国代表大会上，姚明当选中国篮协主席。在随后的发言中，姚明表示："'成人达己'将是未来中国篮协的工作态度。"

"成人达己"的后半句是"成己为人"。如果将此句话用在招聘中，那么我们是不是可以认为前者是选好人的理念，后者是用好人的准则呢？

"成人达己，成己为人"

"成人达己"是说，只有成就和帮助他人，才能发展和完善自己，实现自己的理想，达到自己的目标。

"成己为人"一方面是说，不断发展和完善自己的目的是更好地为他人和社会服务；另一方面是说，只有不断发展和完善自己，才能更好地为他人和社会服务。

事物都是相互消长、互为因果的。很多时候，人们因提升自己而成就了他人，又因成就他人而提升了自己。如果你狭隘地看待一己的成功，孤立地经营自身的利益，那么常常会迷失自己，也迷失被你造就同时造就你的人。

招聘的意义又何尝不是如此呢？招聘的意义是帮助应聘者获得成功，如果简单地找个最优秀的人就能成就自我，助力企业成功，而不为这个优秀的人，那么招聘的最终意义并没有达到。

“成人达己，成己为人”，不正是招聘的意义吗？

思考

1. 你招聘的这个职位能给应聘者带来发展机会或学习机会吗?

2. 换位思考一下，如果你是应聘者，你为什么要选择招聘方提供的那份工作?

第二章

Chapter ★ 02

招聘心理：摒弃偏见，英雄不问出处

» 一次错误的产生，沉重的招聘成本

» 选错员工，来自首因魔圈

» 消除简历思维偏见，英雄不问出处

所谓的“英雄”不一定适合你，所以你要摒弃固有的偏见，保持头脑开放和空杯心态，这对于招聘至关重要！

一次错误的产生，沉重的招聘成本

如果在你面前有两个应聘者，那么请你用心思考一下，哪个应聘者更适合当老师呢？第一个应聘者身体健壮，头发油光锃亮，身穿修身西服，脚穿黑袜黑鞋；第二个应聘者戴着老式眼镜，扎着简单的马尾，素颜而朴实是她最大的特点。

在以往的培训经历中，大家对此问题进行过讨论。很多人认为第二个应聘者更适合当老师，因为她更具有亲和力。当然也有少数人认为第一个应聘者适合当老师，因为他衣着正式，说明他十分重视这份工作。

思考

1. 你会如何判断上面案例中提及的两个应聘者呢？

2. 你会根据应聘者的“外表”做出判断吗？你觉得这样的判断准确率为多少？

据《三国演义》[1]记载，庞统[2]长相丑陋，浓眉掀鼻、黑面短髯、形容古怪，且身高不足五尺（大概是现在的 1.6 米）。起初庞统投奔孙权的时候，孙权因受不了他的长相，就潦草将其打发了。江东不留用，庞统就向刘备毛遂自荐。起初，刘备也觉得庞统的长相有失汉官威仪，就给了他一个小官做。后来诸葛亮向刘备说起庞统，认为庞统十分有才干，

---

① 《三国演义》描写了从东汉末年到西晋初年之间近百年的历史风云，以描写战争为主，叙述了东汉末年的群雄割据混战和魏、蜀、吴三国之间的政治和军事斗争，最终司马炎一统三国，建立晋朝的故事。

② 庞统（179－214），字士元，号凤雏，汉时荆州襄阳（今湖北襄阳）人。东汉末年刘备帐下重要谋士，与诸葛亮同拜为军师中郎将。

刘备才重新召见庞统。经过一番深入交流之后，刘备对庞统颇为器重，任命他为治中从事，刘备对其亲近程度仅次于诸葛亮。后来发生的事情验证了刘备任用庞统的正确性：在庞统的建议下刘备取益州；诸葛亮隆中对时定下的方略，庞统让其成功实施；在刘备与刘璋决裂之际，庞统献上上、中、下三条计策，刘备用其中计。在进攻雒县时，庞统不幸中流矢而亡，但刘备依靠庞统的计策成功入蜀。

试想，如果庞统不是因为长相丑陋未被孙权重用，那么三国时期的时局也许就是另一回事了。

其实，人往往容易以第一印象去判断一个人，特别是通过对方的“长相”或“穿着”来判断。也有人说，“外貌”是决定一个人是否值得他人深入了解的关键。

美国著名形象设计师莫利曾对 100 家大型企业的总裁进行访问，结果显示：“97%的总裁认为，展示出自己形象魅力的人会获得更多的升迁机会；95%的总裁相信，不合适的穿着会使面试者更容易遭到淘汰；93%的总裁表示，绝不会用不懂穿着的人做自己的助手。”

相传春秋时期，孔子的学生子羽相貌丑陋，孔子对他很冷淡，他只好离开孔子回去自修，后成为有名的学者。而孔子的另一个学生宰予长得很好，且能言善辩，但后来被孔子批评为言行不一。孔子感慨：“不能以貌取人，也不能凭人说话来衡量别人。”

实际上，现实中很多人真的会因为前面提到的第一个应聘者“头发油光锃亮，身穿修身西服，脚穿黑袜黑鞋”的形象，认为他不符合老师的职业气质，看到“戴着老式眼镜，扎着简单的马尾，素颜而朴实”的女士，就认为她是老师的合适人选。

以第一印象判断应聘者是否合适的面试官，在招聘时往往会出现这样两种极端情况：一种是面试官对应聘者第一印象不好，然后会对其直接放弃，不留任何深入沟通的机会；另一种是面试官对应聘者印象很好，于是在面试中不断寻找自己认为好的理由，甚至自己变成了此岗位的推销者，生怕应聘者不来。

不管是哪一种情况，明显都是错误的判断。一次错误的产生，对应的是为这一错误付出的相应成本，也就是错误成本。

之前，我看到过这样一道计算题：“如果一个应聘者年薪为 60 万元，因其绩效欠佳在半年内被企业解雇，请测算这次招聘的成本大概是多少？”

真的有人统计过：普通员工的错误成本大概为其年薪的 3 倍，高管的错误成本为其年薪的 10 倍，同时还有更多的隐性成本！

如图 2.1 所示的错误成本，箭头越往下，给企业带来的隐性成本也越大。对于错误的招聘带来的影响，拉斯维加斯的人力资源咨询服务机构 The Arte of Motivation 创始人 Arte Nathan 表示：“大多数公司并不知道这一项也包含在营业额的全部成本结构中，所以他们不会预先使用资源来避免这种情况发生。如果你招聘做得不好，这对所有为你工作的人、你的产品和产品质量都会产生连锁反应。”

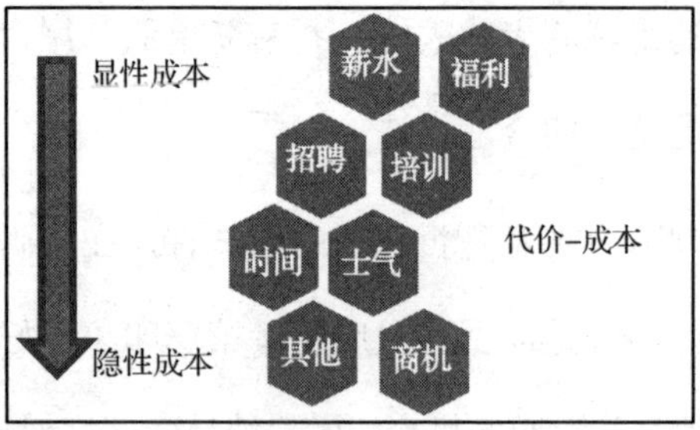

图 2.1 错误成本

位于佛罗里达州德尔雷海滩的人力资本研究和分析公司——布兰登霍尔集团确定了计算不良雇佣成本的几个变量，主要包括以下几项。

» 招聘广告费、渠道费和参与招聘的员工时间

» 新员工所需的培训费用（含培训和工作指导）

» 对团队绩效的负面影响

» 对不完整项目的干扰

» 失去客户的风险

» 应聘者介绍服务费用（猎头费）

» 削弱雇主品牌

» 劳动诉讼费用

对于这样的结论，你感到惊讶吗？在现实生活中，显性成本我们能计算，但是对于隐性成本（如错失的商机等）如何计算呢？此外，无效的招聘对于团队士气的影响可以简单量化吗？据统计可知，招聘的职位越高，企业遭受的损失越大。这类反面教材比比皆是——惠特曼掌舵之

前的惠普公司、乔布斯回归之前的苹果公司及梅耶尔执掌下的雅虎公司，他们都经历过错误的招聘。

对于招聘，哪怕是一个小小的岗位，我们也不要轻视。有时候，一些面试官为了完成任务，会录用一个表现勉强的人员。事实上，招聘错误的人，比招不到人的损失更大。

杨国安在《组织能力的杨三角》一书中提出，引进人才时最关键的是提高命中率。所谓“提高命中率”，就是招来的人才既能在工作上有持续出色的表现，又能在企业工作一段合理的时间。如果一个员工很能干，但只干了三个月就走了，那么他给企业带来的害处要大于益处！企业招聘到错误的人，小则导致企业延误商机、影响士气、增加招聘和培训费用；大则导致企业“伤筋动骨”，甚至给企业带来灭顶之灾，巴林银行①就是一个惨痛的教训。

作为一个招聘者，在招聘任何一个员工时，都应保持“如履薄冰，战战兢兢”的心态。因为你所做出的任何一个招聘决策都既可能给企业带来巨大的收益，也可能给企业带来无法挽回的损失。

---

① 巴林银行创建于 1763 年，创始人是弗朗西斯·巴林爵士，由于经营方式灵活、富于创新，巴林银行很快就在国际金融领域获得了巨大的成功。1992 年 7 月 17 日，里森（里森于 1989 年 7 月 10 日正式进入巴林银行工作，他富有耐心和毅力，善于逻辑推理，在巴林银行担任重要职位）手下一名加入巴林仅一个星期的交易员金犯了一个错误，最终导致银行倒闭。

选错员工，来自首因魔圈

让我记忆犹新的是，在曼恩机械有限公司担任招聘和培训负责人的时候，一位技术经理感到很困惑："很多应聘者在面试中表现得十分出色，但是在实际工作中的表现与面试时的表现相差甚远……"这种情况究竟是什么原因导致的呢？我们该如何解决和避免类似情况的发生？为此，我特意和这位技术经理一起参加了一些面试，并从旁观察、记录。

原来，这位技术经理陷入了"第一印象"的魔力圈。我通过参加多次面试观察发现，很多时候当应聘者完成自我介绍之后，这位技术经理立刻形成对应聘者的第一印象：成熟、稳重、聪明、逻辑清楚、技术过硬……接着，在随后的面试过程中，这位技术经理不断在应聘者身上寻找"证据"来验证自己的判断，从而做出面试决策。如果应聘者的简历"漂亮"，这种决策速度也会变得更快。反之，如果这位技术经理对应聘者的第一印象非常不好，那么这份工作基本与应聘者无缘，整个面试就变成了例行公事。

谷歌首席人才官拉斯洛·博克[①]在其《重新定义团队：谷歌如何工

① 拉斯洛·博克，波莫纳学院国际关系学学士、耶鲁大学工商管理学硕士、谷歌首席人才官，每年处理 200 万份以上的应聘简历，负责为谷歌招募、培养并留住优秀人才。在拉斯洛·博克的任期内，谷歌已在各个国家的各个奖项中超过 100 次被评为最佳雇主。

作》[1]一书中介绍了一项心理学试验，该项试验是由托莱多大学的两名心理学专业学生特里西亚・普利克特和内哈・贾达姜与其导师弗兰克・伯尼瑞合作完成的。2000年，他们发表了一项研究成果，认为通过一次面试前10秒钟做出的判断，可以预测整个面试的结果。

弗兰克・伯尼瑞合作小组进行了真实的试验，记录了真实的面试情景，然后认真研究视频片段，最后得出结论。

> “片段是从每一次面试中截取的，从应聘者敲开门开始到坐下之后10秒钟止，视频片段会展示给经验尚浅的观察者看。观察者从受聘价值、竞争力、智力、雄心、信度、自信度、紧张程度、热情、礼貌、亲切度和表达能力等方面给应聘者评分。观察者通过视频片段做出的判断，11个变量中有9个与现实中面试官所做出的最终评价有显著的相似性。因此，通过握手或简短介绍得到的即时印象能够预测结构化招聘测试的结果。”

我在担任托马斯国际副总经理时，那里有很多心理学的测评产品，所以在那时我就开始学习、接触与研究心理学方面的知识。在实验心理学中，外界信息输入大脑的顺序，在决定认知效果的作用上是不容忽视

---

①《重新定义团队：谷歌如何工作》为谷歌人才官拉斯洛・博克力作，书中描述了谷歌人才和团队管理的核心法则。

的，最先输入的信息作用最大。大脑处理信息的这种特点是形成首因效应的内在原因。**对人的第一印象本质上是一种首因效应。**当一个人所传达出的不同的信息结合在一起时，人们总是倾向于重视前面的信息（也就是前面的信息在大脑中所形成的印象）。即使人们同样关注后面的信息，也会认为相对前面的信息来说，后面的信息是非本质的、偶然的，甚至不重要。人们总是习惯于根据前面的信息来解释或概括后面的信息。即使后面的信息与前面的信息不一致，大脑也会自动忽略后面的信息而"屈从"于前面的信息，以形成整体一致的印象。

托莱多大学的试验的根本问题在于面试官会在面试最初的 10 秒钟对应聘者做出判断，之后的面试过程，都在试图证明自己对应聘者的印象，而不是真正地去评估他们。可以说，根据 10 秒钟印象做出的预测几乎是没有意义的！

在《重新定义团队：谷歌如何工作》一书中，拉斯洛·博克将这种与首因效应密不可分的心理学现象称为**证实偏见**（Confirmation Bias）[①]，**即人们总是倾向于寻找、解释或优先考虑那些能够支持我们观点或假设的信息。**

1979 年，来自明尼苏达大学的马克·斯奈德和南茜·康托尔进行了一项研究。他们找来一些参与者，让参与者阅读提前准备好的资料。资

---

① 证实偏见（又名证真偏见）：人们普遍偏好能够验证假设的信息，而不是那些否定假设的信息，寻找信息以证真而非证伪自己的假设倾向。

料讲述了一个名字叫简的女人一周内的生活。资料显示，简在这一周内表现得时而外向，时而内向。

当参与者读完所有关于简的资料后，研究人员将他们分为两组，让他们根据阅读的资料判断简适合从事什么样的职业。其中，第一组需要判断简是否适合做一名图书馆管理员；第二组需要判断简是否适合做一名房地产经纪人。

阅读了相同资料的两组人员对简做出的判断是一样的吗？最后结果是怎样的呢？

第一组参与者认为简是一名很安静、偏内向的女孩儿，十分适合图书馆管理员这份工作；第二组参与者则对资料中简很活泼、偏外向等相关内容印象深刻，认为简十分适合做房地产经纪人。

随后，研究人员向两组参与者提出了新的问题：简是否还适合从事其他工作？最后得出的结果十分出人意料，两组参与者均给出否定答案，他们一致认为简除从事他们认为的工作外，不适合从事其他工作。但实际上，研究人员提供的资料里描述得很清楚——简表现得时而外向，时而内向。也就是说，第一组参与者认为内向的简适合做图书馆管理员，第二组参考者认为外向的简适合做房地产经纪人，这两种答案是完全成立的。

那么，为什么两组参与者最终都认为简只能从事他们认为的工作呢？从这个研究中我们发现，哪怕是自己原本无比清晰的记忆，也会被大脑的证实偏见所左右。就如第一组参与者执着地认为简除做图书馆管理员外不能从事其他工作，第二组参与者一致认为简只适合做房地产经纪人。当人们的大脑被证实偏见左右的时候，会自动选择性地留下符合我们既有观点的记忆，而忘掉或者否定那些违背我们自有观点的记忆。正是这种“先入为主”的首因效应，无时无刻不在“催化”我们的“偏见”，并且促使我们不断去证实它，让这种偏见变得越来越深。

首因效应是由美国心理学家洛钦斯首先提出的，指交往双方第一次形成的印象对今后的交往关系有着很深的影响。哪怕这些第一印象可能并不正确，但在人的大脑里是最鲜明、最牢固的，这个印象会对以后双方交往的程度起决定作用，并且很难改变。

一般来说，首因效应具有先入性、不稳定性、误导性的特点，因此如果我们根据第一印象来评价一个人，就会很容易被某些表面现象蒙蔽，往往有失偏颇。这在我们日常生活中主要表现为两个方面：一是以貌取人，大家常常对仪表堂堂、风度翩翩的人容易产生良好的印象，对其缺点却很容易忽视，但是对相貌普通或者身体有缺陷的人印象不太好，并自动忽略其身上的优点；二是以言取人，大家对那些侃侃而谈者往往印象很好，对少言寡语者则印象一般。首因效应之所以会引起认知偏差，根源在于认知是根据不完全信息而对交往对象做出判断的。仅凭第一印象就妄加判断，“以貌取人、以言取人”，往往会带来不可弥补的错误，甚至造成不可估量的损失。

根据多年的经验，我发现在大多数招聘过程中，应聘者与面试官都是初次见面，对彼此的了解十分有限。因此，应聘者的衣着、外貌、言谈举止等外在特点往往会成为影响面试结果的关键因素。

如果了解了美国心理学家洛钦斯对首因效应的研究，你就会发现本节开头提到的那位技术经理就是陷入了首因效应，他不是被应聘者仪表堂堂、风度翩翩的形象所打动，就是被应聘者对答如流、口若悬河的言语所折服。

当然，从应聘者的角度来讲，在面试准备和面试过程中进行首因效应的学习与应用也是非常必要和重要的。一旦给面试官留下了良好的第一印象，应聘者就能大大提升面试成功率。但是，这对企业招聘来说，毕竟不是一个零和博弈[①]，而是 WIN-WIN[②]的过程。

在企业招聘中，面试的实际情况是怎样的呢？一家咨询公司调查显示：约 70%的招聘决策是由面试官根据其对应聘者的第一印象做出的，而做出决策的时间为 4～15 分钟！

首因效应发生在面试中产生的结果，我把它称为“首因魔圈”（见图 2.2）。很多面试官，一旦对应聘者产生不良的第一印象，就会从心里否定应聘者，接下来的面试就成了例行公事，而当他们对应聘者产生良好的第一印象时，整个面试就会成为一场“销售”。

首因魔圈容易导致面试官在招聘中判断失误，企业将为这样的失误

---

① 零和博弈（zero-sum game），又称零和游戏，与非零和博弈相对，是博弈论的一个概念，属非合作博弈。它是指参与博弈的各方，在严格竞争下，一方的收益必然意味着另一方的损失，博弈各方的收益和损失相加总和永远为“零”，双方不存在合作的可能。

② WIN-WIN：双赢的；双方都获利的，在谈判中说明双方均有利可图。

付出巨大的成本。这个成本我们在“一次错误的产生，沉重的招聘成本”一节中讲到过。因此，避免并解决因首因魔圈导致的错误招聘，对企业来说是非常重要的。

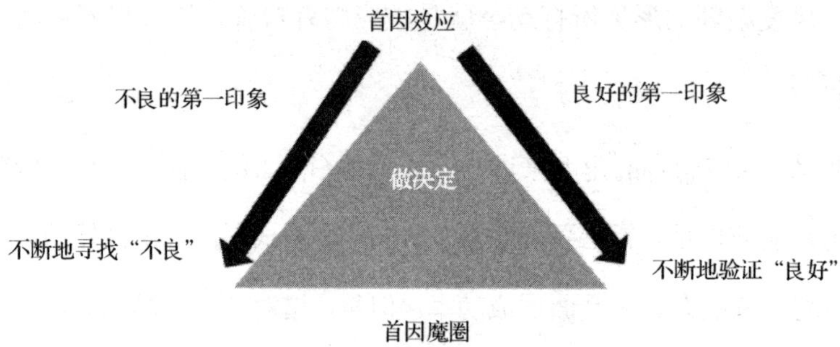

图 2.2　首因魔圈

思考

1. 回忆你的一次面试经历，首因魔圈是怎样出现的？
2. 首因魔圈对你的决定起了哪些作用？

消除简历思维偏见，英雄不问出处

面对“首因魔圈”，学习一些面试技巧会对面试官有所帮助，这部分会在后面的内容中进行介绍。除此之外，面试官要想克服“首因魔圈”，其内心的理念转变也是十分重要的。

我们先来看看几位名人的故事。

阿里巴巴集团（以下简称阿里巴巴）的创始人马云，曾参加了三次高考：第一次参加高考，马云成绩很差，直接落榜；第二次参加高考，马云再次失利，他的高考成绩离录取分数线还差一大截；第三次高考马云通过刻苦学习，考入了杭州师范学院。

1988 年，为了南下创业，25 岁的潘石屹变卖了自己的所有家当。然而，这次创业并不顺利，甚至非常艰难。其中有一件小事让他印象深刻。当年，潘石屹想去深圳闯荡，却因为缺少一张特区通行证被拒之门外。最后，几经周折他才进入深圳特区。

娃哈哈集团总裁宗庆后，小时候家庭贫困，父亲没有工作，全家只靠在杭州做小学老师的母亲赚得的一点收入糊口。1978 年，宗庆后的母亲退休，当时 33 岁的宗庆后回到杭州，接替了母亲的职位，那时的收入微薄，因此他一直郁郁不得志……宗庆后开始创业时，他已经是一个 42 岁的中年男子了。

只看马云、潘石屹和宗庆后年轻时的经历，谁会预料到他们会成为商界的名人、成为各自领域中的顶尖人物呢？

这样的人物、类似的故事不胜枚举。“英雄不问出处”，一个人年轻时遇到的坎坷，成功后自然成为美谈，但是当时你会看好他们吗？他们的简历你会给予通过吗？

与很多人一样，我曾经也犯过不少错误。

作为互联网时代中的一员，我非常有幸经历、参与并见证了一只互联网“独角兽”上市之路的艰辛。该集团董事长是整个行业中的佼佼者，我非常荣幸地从他身上学到了很多东西。他非常推崇阿里巴巴和华为公司，特别是阿里巴巴的文化，不惜重金聘请有阿里巴巴背景的咨询公司和人力资源人员。但在集团的发展过程中，我们也犯了生硬照搬和盲目迷信“背景”力量的错误，我们也走了不少弯路。从本质上来说，这其实也是“首因魔圈”的一种延展。

克莱顿·克利斯坦森在自己所著的《你要如何衡量你的人生》一书中写了一个案例，同时也是记录自己的经历。

克莱顿·克利斯坦森所在的公司 CPS，涉及的业务是从高端陶瓷材料（如氧化铝和四氮化硅）中提炼产品。在公司经营的前两年，管理层打算从低水平的产品开始生产，并且决定聘请一名运营副总裁。因为克莱顿·克利斯坦森和来自麻省理工学院的同事都未学习过制造业的流程管理，所以这位运营副总裁的直接责任就是负责此方面的事务。

经过三个月的寻找，他们最终锁定两位候选人——A 和 B。

董事会里一位风险投资人向他们推荐了候选人 A——一位非常有能力的人，曾经在一家拥有数十亿美元资产的跨国公司里担任运营副总裁。候选人 A 之前所在的公司主要生产高端技术产品，包括非常复杂的氧化锆，并且这种产品可以承受快速震动而不会折断。

第二位候选人 B，曾经是克里的领导，克里是公司里最受人尊敬的工程师之一，他极力推荐候选人 B。候选人 B 是从一线工作做起的管理者。他的衣着不太整洁，手指甲里还有脏东西，并且他没有大学文凭。他前段时间关闭了位于伊利湖和宾夕法尼亚州附近的两家以传统技术生产陶瓷材料且用于绝缘材料氧化铝的工厂，以摆脱昂贵的工会合同。三个月前，他将大部分操作设备转移到田纳西州的村镇，在那里新建了一家工厂。

公司的管理层更倾向于聘用拥有丰富实战经验的候选人 B 担任运营副总裁，而董事会里其他两位风险投资者则强烈支持职业背景更好的候选人 A，他们对 CPS 公司报以很高的期望，而且候选人 A 曾经担任高级管理人的公司是他们想要尽力赶超的公司，候选人 A 了解一家生产高端技术产品的跨国公司是如何运作的，并且他还曾经负责过约 20 亿美元销售量的项目。董事会成员并不倾向于选择拥有技术背景的候选人 B，因为候选人 B 来自一家规模不大的家族企业。

思考

1. 你会选择候选 A 还是候选人 B 呢？
2. 为什么你会选择候选人 A/B？

我们来看一下案例中 CPS 公司的选择。CPS 公司最终选择了候选人 A，并花费重金帮他从东京移居至波士顿。在实际工作中，候选人 A 是一个和善的人，但是在 CPS 公司任职期间，他并没有管理好工厂和操作流程。18 个月后，CPS 公司不得不将其辞退。这时候，候选人 B 已经有了新工作，因此 CPS 公司不得不重新开始寻找合适的人选。

对于这段经历，作者克莱顿·克利斯坦森表示后悔最初他们没有将麦考尔[①]的理论作为指导。候选人 A 虽然管理过生产运作，但是他所在的企业已经处于稳定期，并且他从未创办和建设过工厂，所以对新建工厂和统筹新流程的过程中会遇到什么样的问题没有充分的了解。此外，候选人 A 过去的管理经验主要以团队管理为基础，虽然他管理过工人，但不是与工人并肩作战。候选人 B 有关闭旧工厂、工厂搬迁、开设新工厂等实战经验，解决过别人可能没遇到过的问题。

在这个案例中，当他们以简历为基础比较候选人时，无疑，候选人 A 脱颖而出。但如果从他们的简历中寻找经验支持，那么应该是候选人 B 获胜。因为候选人 B 的简历告诉我们：他在“经验学校”[②]里上过许多课，包括使用实验室里的技术、管理产品生产的工作流程；他解决过当

---

① 麦考尔，美国南加利福尼亚大学教授，著有《高瞻远瞩》，其中提及什么是“正确特质”——不是因为某些人天生具有出众的能力，而是在他们的成长过程中，在高风险情况下应对挫折或强压的经验提升了他们的能力。

② 经验学校：在《你要如何衡量你的人生》一书中，作者克莱顿·克利斯坦森提出培养孩子思维方式最好的途径是为孩子创建一所“经验学校”，在“经验学校”中，孩子要做的事情就是“自己的事情自己做”，在体验问题、处理问题的过程中，改进自己的思维方式。一个具有挑战性的任务、一次领导项目的失败、一次新领域的任务等都是经验学校的“课程”。

时 CPS 公司甚至不知道会遇到的问题。换句话说，候选人 B 有一定的能力做好这份工作。

看完以上案例，你会发现：**所谓的“英雄”不一定适合你，所以你要摒弃固有的偏见，保持头脑开放和空杯心态，这对于招聘至关重要！**企业在招聘的时候，要对应聘者进行深入了解，找到最适合企业的人，而非最完美的人。根据我多年的经验，最出人意料的结果往往发生在对应聘者深入了解之后，仅仅进行粗略了解就下结论往往会给企业带来损失。

管理大师拉姆·查兰[①]曾提出过企业挑选 CEO 的制胜法宝，这其中包括：

> 下苦功，彻底弄清自身企业在当前状况下所需 CEO 的必备特质；
>
> 对应聘者的背景（过往的经历）持开放态度；
>
> 对应聘者进行深入了解，以敲定最终人选；
>
> 容许当选者不完美。

由此可见，从心理上克服“首因魔圈”非常重要的一点就是：**对应**

① 拉姆·查兰，出生于 1939 年的印裔美国人，是当代最具影响力的管理咨询大师之一。他服务过多家全球一流企业，而且还有 20 余部著作，其中较具影响力的包括《执行》《领导梯队》《成功领导者的八项核心能力》等。

聘者的背景（过往的经历）持开放态度！

元代诗人杨基有一首诗，叫作《感怀》。这首诗的全文是："邓禹[①]南阳来，仗策归光武。孔明卧隆中，不即事先主。英雄各有见，何必问出处。孙曹与更始，未可同日语。向非昭烈贤，三顾犹未许。君子当识时，守身如处女。"

这首诗的大致意思是：邓禹从南阳赶来，为光武帝刘秀出谋划策以争天下。诸葛亮久居隆中，并不急着马上去找刘备并辅佐他。这两个人都才华横溢且胸怀大志，何必计较他们出身的贵贱（既然是"英雄"，出身是什么就不是很重要了）。刘备与孙权、曹操不是一类人物，不可同日而语。如果不是刘备贤明，那么即使他三顾茅庐，诸葛亮也未必答应。君子应当会分析天下的形势，最好是像处女一样爱惜自己，不要轻易把自己置于危险之中。

这首诗中提到的诸葛亮，大家并不陌生。诸葛亮在出山之前，隐居隆中，常以管仲[②]、乐毅[③]自比。虽然诸葛亮现在家喻户晓，但是我们不妨看看当时张飞和关羽对他的态度——张飞和关羽在一开始是不服诸葛亮这个军师的，我猜测也许当时欣赏诸葛亮的人并不多，当然也

---

① 邓禹（2—58），字仲华，南阳新野人，东汉初年著名军事家，云台二十八将第一位。公元 23 年，刘秀巡行河北，邓禹前往追随，提出"延揽英雄，务悦民心，立高祖之业，救万民之命"的方略。邓禹协助刘秀建立东汉，"既定河北，复平关中"，功劳卓著。

② 管仲：春秋时期齐国的政治家，担任国相，被尊称为"仲父"。任职期间，他对内大兴改革、富国强兵，对外尊王攘夷，九合诸侯，一匡天下，辅佐齐桓公成为春秋五霸之首。

③ 乐毅：战国后期杰出的军事家，魏将乐羊后裔，拜燕上将军，受封昌国君，辅佐燕昭王振兴燕国。

有水镜先生[①]、徐庶[②]等人推荐。那么，诸葛亮的才能到底如何呢？在诸葛亮出山之前，他的才能并没有被验证过，直到刘备三顾茅庐，诸葛亮才真正开始了自己辉煌的人生。

试想一下，如果没有刘备的三顾茅庐，那么是不是也就可能没有现在名声如雷贯耳的诸葛亮，一代英才就被如此埋没呢？

我们再看看德国西门子股份公司的招聘理念。西门子股份公司招聘人才时往往能力考核占 40 分钟，知识考核则仅占 5 分钟。西门子股份公司管理层认为：知识面和经验不是最重要的，运用知识成长和学习的能力才是最重要的。

大家不妨思考一下：**能力是天生的，还是通过后天习得的呢？**

在《看见成长的自己》一书中，卡罗尔·德韦克[③]记录了一个非常有意思的心理学研究：实际上，很多企业管理者都不相信人的自我成长能力。这样一来，具有固定型思维[④]的企业管理者们就只能寻找那些

---

① 司马徽（？—208），字德操，颍川阳翟（今河南禹州）人。东汉末年隐士，精通道学、奇门、兵法、经学，有“水镜先生”之称。司马徽为人清雅、学识广博、有知人之明，并向刘备推荐了诸葛亮、庞统等人，深受世人敬重。

② 徐庶（生卒年不详），字元直。东汉末年刘备帐下谋士，后归曹操，病逝于曹魏。

③ 卡罗尔·德韦克：哥伦比亚大学威廉·兰斯福德心理学教授，斯坦福大学行为心理学教授，美国艺术与科学学会会员。人格心理学、社会心理学和发展心理学领域的杰出研究者，其研究成果获得了世界广泛的赞誉。

④ 固定型思维：在《看见成长的自己》一书中，卡罗尔·德韦克提出了“固定型思维的人”，这类人认为自己的能力是一成不变的，是不可以提高的，他们痛恨变化。与之相对的是“成长型思维的人”，这类人相信自己的基本能力是可以通过努力来培养的。即使人们在先天的才能和资质、兴趣或者性情方面有着各种各样的不同，每个人也可以通过努力和个人经历来改变和成长。

现有的“天才”们和具有良好背景的员工。在企业管理者看来，这些一开始就表现出才干的员工在以后自然不会让他们失望，他们很少对员工进行开发式的培训，因此即使员工的能力有了提高，他们也不会注意到。具有成长型思维模式的管理者认为，拥有天赋和良好的背景固然是件好事，但这只是意味着一个良好的开始，他们致力于自己和企业员工的个人发展，并且给员工提供更多的发展和培训机会，关注员工们的日常表现。

在这个心理学研究的最后，研究者让参与研究的管理者思考并回答以下问题。

» 请思考，为什么理解并相信人的能力可以不断发展是至关重要的？
» 想一想，自己在工作中有哪些方面曾经不能胜任，但现在能独立完成得很出色？
» 能否给正在努力提升自我的员工写封信，告诉他们能力是可以提高和发展的？
» 回想一下，自己身边有哪些人完成了自认为没有能力完成的事，并思考在每个案例中，这些人是怎样实现能力提升的。

从卡罗尔·德韦克的研究中，我们发现：很多企业管理者相信能力是与生俱来的，因此在招聘工作中，他们不会录用目前能力不足但具有发展潜质的人。

在我看来，具有良好背景的人，不一定适合企业当下的职位。面试官“迷恋”应聘者光鲜的简历和过往的光环，甚至带着固化的偏见，这些都是被“首因魔圈”束缚的表现。

因此，我认为，要想摆脱“首因魔圈”，我们内心的理念、观念转变是非常重要的，一定不要被应聘者已有的、表面的光鲜所迷惑。在招聘过程中，作为面试官要时刻谨记：英雄不问出处。

第三章

Chapter ★ 03

行为面试法，有效的人才选拔方式

» 招聘是一场赌博，面试法可以提高胜率

»《神秘拼图》似的招聘场景

» 行为面试法：挖掘过去，判断未来

» 行为面试的决策流程，破除首因魔圈

通过挖掘和抓取应聘者过去的行为，了解其在过去对某方面技能的掌握程度，这比我们凭第一印象和直觉来判断更加准确。

招聘是一场赌博，面试法可以提高胜率

我们所能做的一切就是把赌注押在我们所挑选的人身上。

——杰克·韦尔奇

通用电气公司是自道琼斯工业指数 1896 年设立以来唯一至今仍在指数榜上的公司。该公司在全球拥有员工近 313 000 人，是目前世界上市值最高的公司之一，连续数年被世界著名财经日报英国《金融时报》评为“世界最受尊敬的公司”，其董事长兼首席执行官杰克·韦尔奇多次被评为“世界最佳首席执行官”。

1981 年至 2001 年，杰克·韦尔奇在通用电气公司担任总裁，他不仅拥有至高无上的个人魅力，更是全球商界中的传奇人物，我非常敬佩他。在担任通用电气公司董事长兼首席执行官期间，杰克·韦尔奇专心致力于变革。在任职期间，他不仅为公司的股东创造了巨大财富，还让通用电气成为全球有名的大公司。

杰克·韦尔奇说：“我们所能做的一切就是把赌注押在我们所挑选的人身上。”杰克·韦尔奇认为押注很重要，但押注的前提是识别和挑选，而不只是碰运气那么简单，要努力提高获胜的概率。

简单地说，只有招聘到合适的人，才能更好地推动企业业务发展，而一旦选错人才，则会给企业、面试官及应聘者带来难以估量的损失。

作为挑选人的人，面试官需要通过一场面试快速了解一个人。其中，面试方法尤为关键。那么，在面试的时候，要想正确地评估应聘者与岗位的匹配度，我们应该采用哪一种方法，才能最大限度地保证自己的赌注押对了呢？

评价中心、行为面试法和传统的面试方法是三种常见的人才评价方法。

在这三种人才评价方法中，评价中心是识别应聘者最有效的工具。评价中心是一种包含多种测评方法和技术的相对全面的综合测评系统。通过对目标岗位的工作分析，在了解岗位的工作内容与职务资格要求的基础上，事先创设一系列与工作高度相关的模拟情景，然后将被试人员带入该模拟情景中，要求其完成该情景下多种典型的工作，如主持会议、处理公文、商务谈判、处理突发事件等。在被试人员按照情景角色要求处理或解决问题的过程中，主试者按照各种方法或技术的要求，观察和分析被试人员在模拟的各种情景压力下的心理、行为表现，测量和评价被试人员的能力、性格等。世界上许多知名的大公司，如通用电气公司、国际商用机器公司、福特汽车公司、柯达公司等在招聘时都采用了这项技术，并建立了相应的评价中心机构来评价、管理人才。

如图 3.1 所示，评价中心的信度[①]（0.65）是三种人才评价方法中最高的。但需要注意的是，评价中心不是一种单独的测评方法或技术，而是多种测评方法与技术的综合应用，单个的心理测验、面试或工作情景模拟都不能称作评价中心。

虽然评价中心的信度非常高，但是其耗费的成本也异常巨大，所以除非特定岗位、特定项目或大型企事业单位，一般情况下企业不会采用这种方法，更不会花费大量资金单独筹建评价中心。

---

① 信度是指测验结果的一致性、稳定性及可靠性，一般多以内部一致性来加以表示该测验信度的高低。信度系数越高即表示该测验的结果越一致、稳定与可靠。

图 3.1　人才评价方法的信度比较

从图 3.1 中我们可以看出，除评价中心外，行为面试法的信度也不低，可以达到 0.48～0.61，比较接近评价中心的信度。因此，我们要想在短时间内快速了解一个人，使用行为面试法是一个可行的选择。

《神秘拼图》似的招聘场景

在讲行为面试法之前，让我们先来了解一部电影，以便于我们对行为面试法有更深入的理解。

我平时最大的爱好就是踢足球与看电影，踢足球让我学会了永不放弃，看电影让我体会到了不同的人生。在很多培训中，我都会融入一些电影元素，以帮助大家理解抽象的概念！

《神秘拼图》是由菲利普·诺伊斯执导的影片，由丹泽尔·华盛顿、安吉丽娜·朱莉等主演，影片于1999年8月29日在美国上映。该影片讲述了瘫痪在床的纽约侦探林肯·莱梅（丹泽尔·华盛顿饰）和活泼聪明的女巡警艾米丽娅·多拉格（安吉丽娜·朱莉饰）携手侦破一桩离奇案件的故事。

我从电影中截取了以下三个场景。

场景一

女巡警艾米丽娅·多拉格在即将转为文职工作前的最后一次巡逻中，被呼叫到一个案发现场。在那里，她发现了一具尸体及留在火车铁轨上的一些与案件有关的证据。艾米丽娅·多拉格立刻做出了推测和大胆的设想，然而没人理睬她的意见。接下来，她是怎么做的呢？

此时，外面下着大雨，大雨很可能会破坏犯罪现场，并且迎面的火车正向她飞速行驶过来……在千钧一发之际，她冒着生命危险，超越职权逼停了火车，然后让报案的小男孩快速去买一次性相机，把所有的证据拍摄下来，艾米丽娅·多拉格还非常机智地用口袋里的美元纸币做对比，拍下了现场留下的脚印。

场景二

女巡警艾米丽娅·多拉格的长官到达现场后，非常粗暴地责骂了她，因为她超越职权逼停了火车。另外，长官对她做出的在场景一中描述的一系列大胆的行为给予了否定，同事们也都不愿意相信和理会她，认为她只不过是名碌碌无为的巡警。

场景三

林肯·莱梅因公务导致全身瘫痪，他曾是享有盛誉的侦探，破案无数。对于这个案子，纽约警察邀请他来帮忙。刚开始，林肯·莱梅拒绝了，但了解案情后，他对此案产生了兴趣。

林肯·莱梅躺在医院的病床上接见了女巡警艾米丽娅·多拉格。他十分欣赏艾米丽娅·多拉格的聪明且敏锐、勇敢又果断，并且要求这名新手和自己一起来破案。

后来两人合作得很愉快，并且成功破获了案件。

很多人会说，影片不错，很好看，同时很疑惑：这和面试有什么关系呢？

我们再回过头来看看电影中的三个场景，大家有没有觉得这是一个面试场景呢？场景三是不是侦探林肯·莱梅给女巡警艾米丽娅·多拉格发出了一个 Offer 呢？场景一是不是林肯·莱梅发出 Offer 的原因呢？

下面，我们来具体分析一下。

场景一

场景一还原了一个应聘者在过去工作中的一个具体工作场景，而且这个场景的内容非常丰富且具象化。这个场景描述了以下内容。

» 当时，女巡警艾米丽娅·多拉格接到了一个什么样的任务。（去处理一个报警案件，来到案发现场，她需要保留现场留下的第一手证据）

» 面对这个任务时的具体背景。（下着大雨，雨水有冲毁现场的危险；有疾驰而来的火车会破坏铁轨上的证据；她没有带任何摄影设备，无法在第一时间拍下现场证据）

» 面对这个任务，艾米丽娅·多拉格采取的行动。（迅速判断这是个案发现场；勇敢逼停火车；让报案的男孩快速去买一次性相机，把证据拍摄下来；用口袋里的美元纸币做对比拍下现场留下的脚印）

» 艾米丽娅·多拉格面临的挑战。（火车飞驰而来、大雨滂沱、没有任何摄影设备、超越职权、个人安危等）

» 最终结果：拍下了现场留下的证据。

场景二

场景二讲述了女巡警艾米丽娅·多拉格的长官否定了她在场景一中对现场进行的处理。

场景三

在场景三中，侦探林肯·莱梅发给女巡警艾米丽娅·多拉格一个Offer，让艾米丽娅·多拉格参与破案。（注意：艾米丽娅·多拉格是一名女巡警，是一个没有办案经验的“菜鸟”）

林肯·莱梅为什么会给艾米丽娅·多拉格发出 Offer 呢？因为他认为艾米丽娅·多拉格聪明且敏锐、勇敢又果断，十分适合当侦探/刑警。他的判断显然是根据场景一中的信息做出的。

我之所以要介绍《神秘拼图》中的这三个场景，是因为借助它们能更好地引出行为面试法的概念。

思考

1. 试着回忆一下，在你过往的招聘中，应聘者的哪些行为（面试表现或者阐述的以往经历）符合招聘岗位？

2. 对于目前正在进行招聘的岗位，你觉得应聘者应具备怎样的行为表现？

行为面试法：挖掘过去，判断未来

行为面试法是面试官通过要求应聘者描述其过去某项工作或者生活经历的具体情况，来了解应聘者各方面素质特征的一种方法。

行为面试法的核心逻辑来自心理学中的一致性原则[①]，即通过一个人

① 一致性原则是指人们的行为倾向于与过去的行为和判断相似。

过去的行为可以判断这个人将来的行为。举个例子，一位男士从大学开始就从不收拾自己的床铺，这个习惯持续了很多年。那么，我们可以就此推断除非有客人来访，否则他不会去收拾自己的床铺。

记得我曾在某微信公众号上看到过一篇名为《不要嫁给苦苦追求你的人》的文章，里面讲了和上面的例子类似的道理：苦苦追求你的人，往往不是你喜欢的类型。

下面我再举一个例子。若一个应聘者应聘一个售后服务的职位，如果你有机会看到他日常处理尖锐投诉事件的行为，就可以大致推断他以前是怎样处理尖锐投诉问题的。根据心理学中的一致性原则，你还可以大致了解他在日后会如何应对此类事件。即使我们每个人都在不断学习和成长，但在类似情况下，仍然有很多人会采取与过去相似的处理方法。**换句话说，只要我们清楚地了解应聘者过去是怎样做的或者有什么样的行为，我们就能预测他在未来工作中的一些行为方式**。通过挖掘和抓取应聘者过去的行为，了解其在过去对某方面技能的掌握程度，这比我们凭第一印象和直觉来判断更加准确。这就是行为面试法的核心逻辑（见图 3.2）。

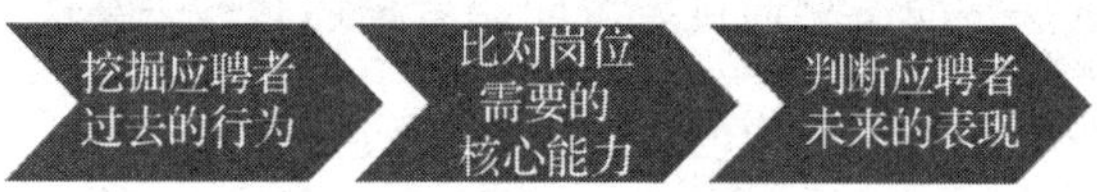

图 3.2 行为面试法的核心逻辑

行为面试法是基于一致性原则发展起来的。行为面试法的假设前提是，一个人过去的行为能预示其未来的行为。正如一个经常迟到的人，下次开会还会迟到是一个大概率事件。

过去的行为

预测未来的表现

我们再来看一下“《神秘拼图》似的招聘场景”一节中讲到的电影《神秘拼图》中的场景，侦探林肯·莱梅认为女巡警艾米丽娅·多拉格聪明且敏锐、勇敢又果断，十分适合当侦探/刑警，他的判断依据是场景一中艾米丽娅·多拉格的行为表现。

侦探/刑警需要什么样的特质呢？聪明且敏锐、勇敢又果断……在侦探林肯·莱梅心里，对“聪明且敏锐、勇敢又果断”有一个具体的解释，也就是在一个场景中“什么样的具体行为能体现上述特质”。因此，判断艾米丽娅·多拉格“聪明且敏锐、勇敢又果断”的依据就是场景一，通过场景一还原的具体行为来证明艾米丽娅·多拉格聪明且敏锐、勇敢又果断。

图 3.2 解释了林肯·莱梅的判断逻辑：首先，挖掘艾米丽娅·多拉格过去的行为；然后，比对侦探/刑警岗位需要的核心能力；最后，做出对于艾米丽娅·多拉格未来表现的判断。剧情显示，林肯·莱梅的判断是正确的——电影的后半部分讲述了林肯·莱梅和艾米丽娅·多拉

格是如何协作，最终抓获罪犯的。这部电影同样也验证了利用行为面试法的正确性，即通过一个人过去的行为，可判断其未来的表现。

行为面试的决策流程，破除首因魔圈

在第二章中，我提到一家咨询公司调查显示：约70%的招聘决策是由面试官根据其对应聘者的第一印象做出的，而做出决策的时间为4～15分钟！这是因为很多面试官都陷入了“首因魔圈”，并且因此导致的招聘错误的代价是巨大的。

思考

1. 当你拿着应聘者的简历走进面试室时，你应该如何面试？
2. 面试时，你应该怎么做出录用或淘汰应聘者的决策呢？

我们应如何改变这种状态，破除首因魔圈呢？前面通过对比不同的面试方法，我们可以看出行为面试法的信度高、成本低、可实行性强，并具有很强的理论依据和科学性。

行为面试法通过对应聘者过去行为的挖掘，来了解应聘者在过去对某方面技能的掌握程度，它比凭第一印象和直觉判断更加准确，能帮助

面试官克服心理方面的首因魔圈。

那么，我们该如何利用行为面试法开始面试，进而合理安排整个面试过程，最后又如何做出决策呢？

下面，我介绍一下基于行为面试法的面试决策流程（见图 3.3）。

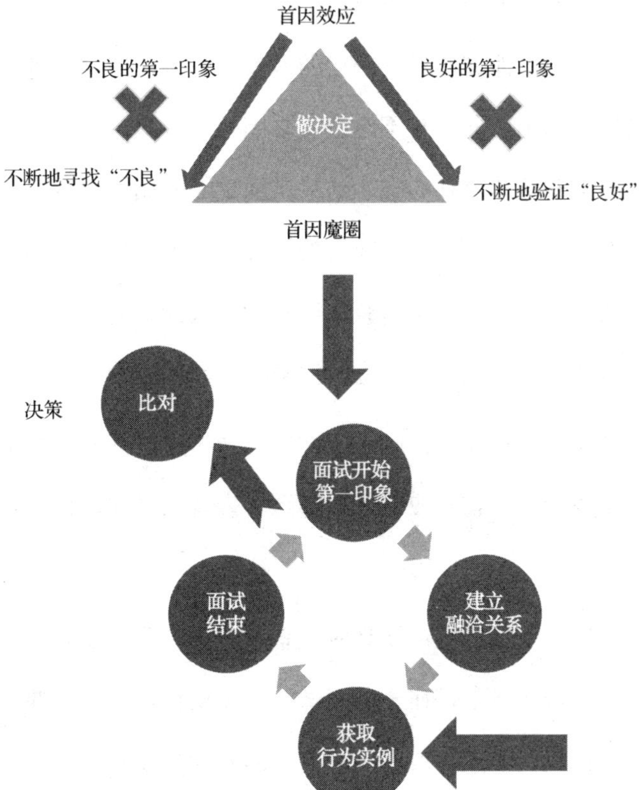

图 3.3　基于行为面试法的面试决策流程

从图 3.3 中可以看出，基于行为面试法的面试决策流程分为以下几个步骤。

» 面试开始：形成对应聘者的第一印象；

» 建立融洽关系；

» 获取行为实例；

» 面试结束；

» 面试决策：综合比对、进行决策。

在实际面试中，面试官对应聘察的考察与评价在应聘者进入面试室那一刻就已经开始了，面试官不应被“首因效应”迷惑，应摒弃固有的偏见，保持头脑开放和空杯心态，这只是面试的开始。面试的重点是不断获取应聘者的行为实例，即不断去挖掘应聘者过去的行为。可以说，行为面试法的核心就是通过不断获取应聘者过去的行为实例来验证一个岗位的能力点，然后挖掘其他行为实例来验证其他能力点。

本书讲的面试决策流程，就是围绕行为面试法展开的。面试决策流程的前四个步骤是面试官与应聘者在舞台上表现的时间，也就是整个面试的过程。

大多数人以为面试过程主要是应聘者在表现自我，而面试官只需要观察、评定即可。实际上，在一场面试中，面试官与应聘者都要通过细微的行为表现自我。面试官展现的是自身的专业技能和个人魅力，也代表着企业对外的形象，通过面试官的表现，应聘者会对企业有个整体的感知；应聘者展现的是自身的专业技能、通用能力，以及与应聘岗位的匹配度、胜任力，以此来拿到 Offer。

此外，一场面试也是面试官与应聘者隐藏的较量。这场较量体现在方方面面细节中，细节决定成败。在本书后面我会结合具体例子详细讲述，帮助你在面试中打一场漂亮仗。

面试决策流程中的步骤五是“面试决策”。这一部分我会在本书第六章中详细讲述。面试决策不是简单地凭借面试官对应聘者的第一印象做出的，而是在面试结束后，通过行为面试法，对应聘者在面试过程中的表现进行综合考量后做出的。

有句话说得好：台上一分钟，台下十年功。作为面试官同样也是如此。面试就是你的舞台，要想在舞台上有个良好的表现，需要做充分的准备，就如一个演员上台演出之前，要准备服饰、表演道具，还要调节自己的情绪，并且要对可能发生的情况进行预判等。要想获得一场成功的面试，面试官前期需要做很多准备，如招聘岗位分析、明确岗位标准、掌握应聘者足够的信息、设计面试问题等。

在你做准备的那一刻，你的面试工作已经开始了。

第四章

Chapter ★ 04

面试，你准备好了吗

» 准备面试，为成功面试的精心规划

» 以终为始哲学，找对人的学问

» 面试前的岗位分析，明确专业能力和通用能力

» 面试前准备步骤一：掌握足够信息

» 面试前准备步骤二：明确岗位标准

» 面试前准备步骤三：设计面试问题

一次成功的面试，源于精心的规划！

它能帮助你预见绩效与成功！

准备面试，为成功面试的精心规划

在这里，我先问大家两个问题：在以往的职业经历中，你会为面试做准备吗？如果你提前做准备了，那么你会带着什么问题去面试呢？

一次成功的面试，源于精心的规划！

它能帮助你预见绩效与成功！

我遇到过很多面试官，其中一部分面试官能准时参加面试已经是很了不起的事情了。此外，我发现很多面试官在一开始最喜欢问的问题是："能介绍下你自己吗？"

当然，问这个问题本身没有错，但是你会发现当应聘者做自我介绍的时候，面试官并没有在专注听应聘者的自我介绍，而是在快速翻阅应聘者的简历，在思考"我下一个问题问什么"。我甚至遇到过不少令人尴尬的场面：当应聘者简洁地自我介绍完时，面试官仍然在翻阅应聘者的简历，让当时的气氛非常尴尬，反应快的面试官会要求应聘者"再多介绍些"。

对面试官来说，一场成功的面试不是即兴发挥，而是精心准备后的精彩呈现！因为面试官需要引导整场面试，面试官的水平直接决定了优秀人才的去留，其展示给应聘者的不仅是专业的技能与素养，更是企业的形象！

一次有效的招聘面试，需要严谨的组织与规划，面试的内容和程序需要标准化，即对不同的应聘者以同样的顺序问同样的问题，仅留出一小部分时间针对各自不同的情况问不同的问题，面试官问的不同的问题通常会放在整个面试的最前面或最后面。但是，现实中很多企业的面试官在招聘中规划混乱，提问不切要点，效率低下，让很多应聘者感到困扰，甚至会引发一些应聘者的抱怨和不满。

我曾经在某招聘平台上看到过很多应聘者对面试经历的负面评价。

“我应聘的是技术岗位，面试官什么也不懂，只是问家庭情况、工作背景、上一份工作的薪资等，感觉不是在面试，而是在进行背景调查！”

“面试官一直心不在焉地翻着简历，头都不抬一下，有气无力地让我做自我介绍。自我介绍结束之后，面试官不懂装懂，对我过往的工作经验进行一番否定，还诋毁我之前所在企业的产品和服务，并且称我之前工作的内容很简单，一点技术含量都没有……”

……

作为一个面试官，当你看到这些评价时，你是不是也会觉得这些面试官不专业，或者面试官的态度和素质有问题呢？如果其他求职者看到这些负面评价，那么他们会怎么想呢？他们的第一感觉很可能是这个面试官的水平太低，并由此判断这家企业不好，从而给予差评。这些差评将成为企业对外形象上的一个污点。

正如我们在淘宝平台购物，收货后会给商品进行评价。如果觉得商品不错，那么大多数人会给予“好评”两个字；如果觉得商品太差，那么大多数人往往会长篇大论一番，并具体说明商品哪里不好。

应聘者对面试的评价也是一样的道理。现实中，对一场面试好的评价很多人会埋在心里，而当应聘者对一场面试不满的时候，一些人往往会到处告诉其他人这家企业不好。

面试官做好充分的面试准备，能够展示给应聘者一个良好的形象，这个形象同时代表着一个企业对外的窗口。从职业要求角度来说，如果一个面试官在前期做了充分的准备，在面试前已经设计好了整个面试的流程，充分准备了在面试问题，并对一些意外情况进行了预估等，那么此次面试大概率会达到理想的效果，从而高效率且准确地为企业招到合适的人才。

从面试实战角度来说，我们为什么要准备面试？在我看来，主要有以下两个方面原因。

» 更好地引导面试

在第三章中我提到过：面试的重点是不断获取应聘者的行为实例，即不断挖掘应聘者过去的行为。在面试的过程中，面试官需要掌控全局，这就要求每个面试官事前准备好要向应聘者提问的问题和面试提纲，这样就可以精准提问，从而考察每个应聘者需要考察的要点，然后认真倾听，并及时有针对性地进行追问，直至获取应聘者的行为实例。

有些应聘者在面试过程中会主动向面试官提一些问题或者转移到其他话题，又或者描述非岗位需要的行为实例等，这时做了充分准备的面试官会根据自己的面试提纲，及时巧妙地把应聘者拉回本次面试的主题上，并且接着引导这场面试。

» 提出更好的问题

每个人都会提问，这是人天生具备的能力。尤其是面试官，除了应聘者自我介绍部分，整个面试过程主要是他们在进行提问。可以说，大多数面试官都擅长提问，他们的脑子里似乎有无数问题，张口就来："说说你对此行业的认识，你对公司的了解有多少，你的业余爱好是什么，最能概括你的三个词语是什么，朋友对你的评价是什么，你做过的哪件事最令自己感到骄傲……"

当这些问题汇集成资料库、问题库时，面试官在面试时很容易就会用这个面试模板照本宣科，而真正能够提出好问题的时候并不多，甚至很多面试官经常提一些乍听合理，实际琢磨起来却毫无意义的问题。

例如，在有的面试中常见这样一个问题：**你最大的缺点是什么？**

面试官提这个问题的目的是了解应聘者对自我的认知，以及判断其是否与岗位相匹配，但这个问题本身实际是存在问题的。这个问题对应聘者来说不够委婉，甚至有的应聘者认为此问题具有攻击性。有些敏感的应聘者会想：为什么要接受别人断定自己有缺点呢？哪怕自己确实有一些缺点，这又关一个外人什么事？

当应聘者对本场面试产生抵触情绪时，就不会再认真回答面试官的后续问题，也可能会带着情绪来回答后续问题，那么接下来的面试可能不能顺利开展下去。

另外，有的面试官会提这样一个问题：**未来五年你有什么打算？**这个问题作为对应聘者规划的考核，同样可能使应聘者反感：我未来五年的打算不关面试官的事，除非他向我提供一份五年期劳动合同的工作。

现如今，五年是一个不切实际的规划范围。随着时代的发展，生活和企业都变数太大，计划往往赶不上变化。可见，提这个问题的意义不大。面试官可以将这个问题换成关于工作的，如“说说你对本岗位三个月内的规划”。三个月时间较短，其规划很容易做出，不会给应聘者造成压力，同时考察了应聘者对岗位的认知和以往的经验积累。

以终为始哲学，找对人的学问

在之前的工作经历中，我负责过销售团队的管理，我本身也是高级销售经理，在遇到客户询问培训效果如何评估时，我总是不厌其烦地解释。记得有一位人力资源总监和我交谈，我们产生了下列对话：

客户：“我们如何知道上领导力课程是有效果的呢？”

我：“对了，我想先问一下，你们为什么要上这个课程呢？”

客户："我们公司负责人认为核心管理者的领导力不行，我也认为的确不行……"

我："你可以具体讲一个团队今年需要达成的 *OKR*[①]吗？"（这是一家互联网公司，使用 *OKR* 进行季度考核）

客户："我们公司有个数据分析团队的负责人，公司管理层希望在接下来的一个季度中他的团队提供的数据链路分析响应时间能更短，分析的维度更能精确反应运营变得好或坏的原因，数据准确率更高……当然我们有具体数值来衡量要提升的这些点。"

从管理能力提升来看，领导力课程可以帮助这个负责人学习如何带教他的团队成员，能提升这个负责人的带教能力。例如，这个负责人可以学会通过目标设定、教练、跟踪、及时反馈等几个管理动作来提升团队成员这方面的能力。培训的目的是提升学员管理动作的能力，最终结果是整个团队响应时间更短、分析的有效性有所提升等。

这个例子告诉我们，培训效果的衡量重点是在培训之前就要确立要达成的业务目标并将其量化，即明确什么是"好"与"坏"的标准是评估培训效果的重点，而这一切都是需要在培训之前就确认和完成的。这和招聘面试前我们需要做的"岗位分析"如出一辙，面试官需要在招聘

① OKR（Objectives and Key Results），即目标与关键成果法，是一套明确和跟踪目标及其完成情况的管理工具和方法，由英特尔公司发明。

之前就分析与确认“好”的标准，而不是面试完再讨论这个应聘者是“好”还是“坏”。**也就是说，面试官需要在招聘之前设定一个客观的标准。**

《高效能人士的七个习惯》是史蒂芬·柯维[①]的一本著作。史蒂芬·柯维强调以原则为中心、以品德为基础，进行能达到个人效能和人际效能“由内而外”的修炼。书中列举了达到“全面成功”的七个习惯，其中习惯二是“以终为始”，讲的是所有事物都会经过两次创造，首先是在脑海里酝酿，其次是实质的创造。个人、家庭、团队和组织在制订任何计划时，均先设定愿景和目标，并据此塑造未来，全心专注于自己最重视的原则、价值观、关系及目标之上。

这就类似于小时候语文老师教我们的“打腹稿”（拿到试卷后首先利用几分钟时间把试卷内容大致浏览一遍，然后动笔答题。尤其是作文题目，可以先把作文题目快速浏览一遍，然后厘清自己的思路，在大脑中形成类似于草稿的东西，最后完成作文）。再想象一下，假如你需要建造一栋别墅，那么你会怎样开始呢？直接开工显然是不行的。建造别墅之前一定要先进行设计，包括基础设计、主体设计、外墙设计、景观设计、室内设计等；接着，根据设计绘制建筑施工图、结构施工图、设备施工图等；最后，招聘工人拿着图纸开工。总结一下，就是一个人心中只有有“终”，才知道应该怎样“始”，这就是“以终为始”。

---

① 史蒂芬·柯维（1932—2012），美国著名的管理学大师。他是柯维领导中心的创始人，也是富兰克林柯维公司的联合主席。他是世界 500 强企业众望所归的新智慧学家，是美国家喻户晓的启蒙家。他的《高效能人士的七个习惯》一书销量过亿册，并被翻译成 28 种语言出版。他的另一本书《领导者准则》也是畅销书。

每个应聘者都有自己的行为风格，或直接、或乐于与人沟通、或稳重、或谨慎，各有不同。各个应聘者也有自身的特点、优势、弱势，但是对于某个岗位在特定的环境中如何取得成功，这个标准在很大程度上是“唯一”的。我们试着先从岗位的“工作环境”入手，再看“工作职责”，然后提炼这个岗位需要的能力点或特质，最后确认“哪些人”适合这份工作。**以终为始倒推：先确定胜任岗位的条件，再来匹配应聘者，这样会更有效！**

调查显示，大部分企业在对应聘者进行选拔时，特别在意应聘者的各方面背景，特别是对于高层管理者，超过一半的企业会对其背景进行调查。从用人角度来看，这样做无可厚非。大多数企业的招聘工作最重要的一项是看应聘者的过去和背景。然而，拥有好的简历的应聘者一定能胜任实际工作吗？我想答案是否定的。

太多的案例告诉我们，不少企业在招聘中仅仅根据专业能力[①]来选拔人才（通俗地讲，总是被“英雄”的“出处”所吸引），而忽视了通用能力[②]。如果企业能认识到通用能力的重要性，并同时注重两方面能力的考

---

① 专业能力（专业胜任力）是指胜任特定的岗位或职业必须具备的能力，并表示为资格。通俗地讲，专业能力就是你“在工作中需完成什么”，用英语来描述就是“What”。一般情况下，专业能力可以通过正式教育和工作实践学到，如会讲某种语言、进行外科手术、计算机编程、软件开发、焊接、维修生产设备、驾驶特种车辆等。

② 通用能力（通用胜任力）我们可以理解为“如何完成工作”，用英语来描述就是“How”。一般情况下，我们可以通过成长在生活和工作经历中学到，如亲和力、毅力、勇敢、决策力、决断力、创造力、解决问题的能力、抗压的能力等。

核，那么不仅能使人才更符合岗位的要求，还能更好地满足组织的需要，从而避免因为专业能力而被雇用，因通用能力而被解雇！

专业能力只代表一个人会做，但是通用能力关系着这个人是否能做好，与结果及这个人的绩效直接挂钩！

如果“以终为始”是积极主动的人生状态，会朝着自己的梦想行动，那么相对应的“以始为终”则是有些消极、被动的人生状态，在有目标的情况下通常以行动为开始，但是并不知道自己究竟想要什么，因此很容易被外界影响，追求潮流和跟风。例如，很多企业管理者会这样说：“我希望找一个有阿里巴巴背景的，我希望找一个有世界 500 强背景的……”

不知这些企业管理者是否想过，有阿里巴巴或世界 500 强背景的人才确实很优秀，但这样优秀的人才是否符合自身企业的发展，是否和招聘的岗位相匹配呢？

只有建立在岗位的基础上，“以终为始”，找“对”的人才是面试的终极哲学！

面试前的岗位分析，明确专业能力和通用能力

一般意义上的岗位分析是指对企业各类岗位的性质、任务、职责、

劳动条件和环境，以及员工承担本岗位任务应具备的资格条件所进行的系统分析与研究，并由此制定岗位说明书等人力资源管理文件的过程。此外，岗位分析还包括对员工的工作评价、人员测评与定员管理、人力资源规划及职业发展的科学化、规范化与标准化等。

一般意义上的岗位分析能帮助企业达成以下目的。

» 建立一套完整的岗位说明书，使之作为企业经营与人力资源管理的基础。

» 确定各岗位明确的任用条件，达到人才选用的适用性，并对招聘、甄选制度按照战略规划的适应度进行调整和补充。

» 依据工作内容及考核标准建立具有公平性与激励性的薪资制度。

» 配合培训开发与职业生涯管理制度，使企业中的每位员工了解其角色、定位、未来发展路径与条件。

» 基于企业各岗位分析的过程与结果，使下属与主管明确知道彼此的工作内容与目标，并将各岗位分析的过程与结果作为绩效考核依据的标准和调整的基础。

» 基于企业各岗位分析对各部门、各岗位的工作职责进行确认和划分，为建立更加顺畅的流程化管理做准备。

例如，我之前有一个客户——A 公司，A 公司是一家快速发展的民营科技企业。随着该公司的迅速发展，员工队伍也越来越庞大，特别是“千禧一代”这一生力军的加入，使公司充满生气。在这样的背景下，A 公司负责人要求对员工的岗位重新进行分析，并明确每个员工的工作内容，以便更好地对员工进行人才盘点和培训开发。

企业人力资源管理人员做的岗位分析是一个系统过程，相关负责部门在信息收集结束后要与承担工作的人员共同审查所收集到的工作信息，确保信息正确、完整，这样有助于岗位分析被相关的人所理解，便于他们审查与提供修改意见。

最后，人力资源管理人员还要对收集到的信息进行整理，并且编写岗位说明书。

岗位说明书是表明企业期望员工做些什么、规定员工应该做些什么、应该怎样做，以及在什么样的情况下履行职责的总汇。可以说，岗位分析的一个基本产出就是岗位说明书。表 4.1 所示为某岗位的岗位说明书模板。

表 4.1　某岗位的岗位说明书模板

岗位描述	
岗　　位：__________	部　　门：__________
直接上级：__________	任 职 者：__________
任职地点：__________	更新日期：__________
岗位设置的目的：	

续表

A. 主要职责描述（请具体阐述工作职责）:
B. 主要责任指标（请对工作责任进行量化）:
C. 相关部门及其对该岗位的期望： （1）内部相关部门 （2）外部合作客户
主要技能要求
1. 工作技能： 2. 个人能力：

续表

组织结构图：	
直接上级主管：	员工：

从表 4.1 中可以看出，岗位说明书明确了以下几项内容。

» What：需要完成什么工作任务。

» Who：谁从事此项工作，即责任人是谁。

» Whom：此项工作是为谁做的，即客户是谁。这里的客户不仅指外部的客户，还指企业内部的员工，包括与从事此项工作的人有直接关系的人：直接上级、下级、同事等。

» Why：为什么做，即工作对从事该岗位工作者的意义。

» What qualifications：从事此项工作的人员应该具备哪些资格条件。

岗位分析作为基于组织总体战略的人力资源战略规划的战术层实践，能帮助一个组织定岗、定员、定编、定薪、定责等，是必不可少的。尤其是面试前进行的岗位分析，对招聘面试来讲尤为重要。

面试前的岗位分析有别于我们前面提到的一般意义上的岗位分析，如某个员工/团队需要具备哪些能力和技术才能满足岗位的需求，满足这类工作需要什么，某部门独特的职能需要什么等。我们可以把面试前的岗位分析看作对**“某个岗位如何在工作中取得成功”**进行系统、全面、“以终为始”的评估，然后明确某个岗位任职需要具备的能力，即胜任力[①]。表 4.2 所示为某个岗位的胜任力模型。

表 4.2 某个岗位的胜任力模型

某公司培训经理的胜任力模型			
能　力	专业/通用	一 般 定 义	行 为 定 义
责任心	通用能力	个人对自己、他人、集体、国家所负责任的认识、情感和信念，以及与之相应的遵守规范、承担责任和履行义务的自觉态度而产生的情绪体验	以公司为家，事业心较重，对于自己、部门的工作，甚至公司未来的发展方向等问题主动思考，并以此为己任，感到自己身负责任重大
计划能力	通用能力	分析任务、确定目标和实施方案的能力	全面、准确地观察任务或项目的深度和难度，设定目标，将工作分解成不同的流程步骤，合理配置资源，制订工作计划及有效的异常处理措施，合理安排工作，根据工作出现的问题进行少量的调整，使最终结果和计划一致
组织协调能力	通用能力	组织资源，协调人员完成工作的能力	能够组织本公司外资源（人员、资金、材料和支持）完成工作，能够同时组织不同机构实施不同的行为去完成目标，使公司在一致行动中获益
影响力	通用能力	用一种为他人所乐于接受的方式，改变他人的思想和行动的能力	在任何环境中，其言行举止对他人具有强烈的影响，并成为拥护、追随的对象，能够轻易改变他人的思想和行动

① 胜任力是指个体具有的、为了达成理想绩效以恰当的方式一贯的使用的特征。这些特征包括知识、技能、自我形象、社会性动机、特质、思维模式、心理定式，以及思考、感知和行动的方式。这个概念最早由哈佛大学教授戴维·麦克利兰于 1973 年正式提出。

续表

能　　力	专业/通用	一般定义	行为定义
沟通能力	通用能力	将信息从发送者有效传递到接收者，并使接收者理解信息的能力	与利益完全不一致者沟通，能有效地求同存异，达成共识，消除分歧，使沟通对象自愿认同自己的观点
项目管理能力	专业能力	根据具体项目采取项目过程的控制手段和方法，以确保预期效果的技能	建立一套系统的行动方法确保项目的实施，设定合理的项目规划和实施方案，资源分配高效、合理，项目效果优异，项目文档完整
学习能力/心态	通用能力	学习和接受新事物和新观念的能力和态度	学习的热情高涨，愿意自我学习和提高，适时了解新知识，并根据自己的实际情况制订详细的学习计划且持续执行，能力提升很快
灵活性	通用能力	在坚持基本原则下，变换工作方式、风格、观点、要求等，以求别人认同的能力	基于不同的工作环境和目标而调整自己的工作方法和风格，经常根据具体情况变换思路和方法，总能根据情况寻找到合适的解决方式
服务意识	通用能力	对内外部客户提供服务的意识和态度	表现出创造性地利用各种资源满足公司内外部客户需求的能力，尽最大努力提高内外部客户的满意度
行业知识	专业能力	对公司从事行业的了解程度	对本行业非常了解，熟悉各竞争对手的基本状况、市场分布、产品及服务特征等

可以说，面试前的岗位分析比一般意义上的岗位分析更深入，它把岗位任职者需要具备的能力点进行归类并量化，这样招聘人员一看就会知道具备什么能力的人是自己所要找的。这里我们需要注意的是，对于

能力的描述可以分为两种，即一般定义和行为定义。二者的区别在于行为定义对什么是“好”的行为进行了量化，这更有助于对某个人在这项能力上是“好”还是“坏”进行区分。如果一个企业做过岗位分析，并编写了岗位说明书，或建立了能力模型（见表 4.3、表 4.4、表 4.5，表 4.3、表 4.4、表 4.5 列举了几个知名企业的模型以供参考），那么对进行招聘前的岗位分析是很有帮助的。此外，一般意义上的岗位分析的基本产出是岗位说明书，但是**面试前的岗位分析的最终产出是具有针对性的行为面试问题，而定义能力又是面试前岗位分析的基础。**

表 4.3　杰克・韦尔奇担任 CEO 时期的通用电气核心领导力模型

能　力	行为描述
诚信	保持行为的诚实/真实性
	信守诺言；为自己的错误承担责任
	坚决遵守体现通用电气行为道德规范的公司政策
	言行一致，表里如一
共同承担/无边界	坚持自信，在传统边界之间共享信息，并乐于接受新思想
	鼓励/宣传团队愿景和目标的共同所有权
	信任他人；鼓励冒险和无边界行为
	组织群英会作为所有人员各抒己见的载体，倾听各方意见
主动/速度	实现真实、有效的变革，将变革视为机遇
	预测问题，提出新的更为有效的工作方法
	避免/消除“官僚作风”，追求简练、明确
	理解和利用速度作为一项竞争优势
	体现全球意识/敏感性，愿意组建多元化/全球性团队
	注重并促进对全球和人员多样性的充分利用
	考虑每项决策的全球性结果，以前瞻性眼光寻求全球性知识
	信任并尊重每一个人

续表

能　　力	行为描述
客户/质量至上	倾听客户（包括内部客户）意见，将客户满意度列为重中之重
	激励并展现在工作的各个方面都追求卓越
	努力实现产品/服务的交付质量
	注重客户服务，在公司内部建立服务思维模式
知识/专业技能/智慧	学习并随时分享职能/技术知识和专业技能，保持学习兴趣
	树立跨职能/多文化意识，体现广泛的业务知识/视角
	利用有限的数据做出正确的决策，充分发挥个人的聪明才智
	从不相关的信息中快速整理出相关数据，抓住复杂问题的本质，并提出行动方案
愿景	能制定和分享一个明确、易懂、以客户为导向的愿景/目标
	有前瞻性思维，能拓宽视野、激发想象力
	激励其他人全力实现愿景；影响他人想法；以身作则
	适时调整愿景，以反映影响企业发展的持续、快速的变化
责任心/投入	积极投入，实现企业目标
	体现勇气/自信，支持信念、思想和共事者
	公正、有同情心，并愿意做出困难的决策
	不折不扣履行职责，避免给环境造成破坏
团队建设者/授权	选择有才干的人员；提供指导和反馈意见，帮助团队成员充分发挥潜能
	下放全部任务；授权团队成员，实现工作效率最大化；自己也是团队成员之一
	认可和奖励团队成员的工作成就；营造积极/有趣的工作环境
	充分利用团队成员的多样性（文化、种族、性别），以实现企业的成功
沟通/影响	进行公开、坦诚、清晰、完整、前后一致的交流——欢迎提出意见/异议
	仔细倾听，探索新思想
	利用事实和合理论据来影响及说服他人
	打破团队、职能部门及层级之间的障碍，建立有益的关系

表 4.4　伊梅尔特担任 CEO 时期的通用电气核心领导力模型

能　　力	行为描述
市场和外部导向	从客户的角度定义成功；契合行业的发展；预见未来
清晰战略思考	寻求简单方案解决复杂问题；决断、专注；清晰、持续地沟通要事

续表

能　力	行为描述
想象力与勇气	产生有创意的新点子；足智多谋，愿意改变；敢于在用人和想法上冒险；有勇气、坚韧不拔
吸纳和网罗人才	具有团队合作精神；尊重他人的想法和贡献；振奋他人、提升敬业度、建立忠诚度和承诺感
专业技能	具备深厚的专业知识和基于经验的信度；持续自我提升；热爱学习

表 4.5　阿里巴巴的核心价值观——“六脉神剑”

核心价值观	行为描述
客户第一：客户是衣食父母	尊重他人，随时随地维护阿里巴巴形象
	微笑面对投诉和受到的委屈，积极主动地在工作中为客户解决问题
	在与客户交流的过程中，即使不是自己的责任，也不推诿
	站在客户的立场思考问题，在坚持原则的基础上，最终达到客户和公司都满意
	具有超前服务意识，防患于未然
团队合作：共享共担，平凡人做非凡事	积极融入团队，乐于接受同事的帮助，配合团队完成工作
	决策前，积极发表建设性意见，充分参与团队讨论；决策后，无论个人是否有异议，必须从言行上完全予以支持
	积极主动分享业务知识和经验；主动给予同事必要的帮助；善于利用团队的力量解决问题和困难
	善于和不同类型的同事合作，不将个人喜好带入工作，充分体现“对事不对人”的原则
	有主人翁意识，积极正面地影响团队，改善团队士气和氛围
拥抱变化：迎接变化，勇于创新	适应公司的日常变化，不抱怨
	面对变化，理性对待，充分沟通，积极配合
	对变化产生的困难和挫折，能自我调整，并正面影响和带动同事
	在工作中有前瞻意识，建立新方法、新思路
	创造变化，并带来绩效突破性地提高
诚信：诚实正直，言出必践	诚实正直，言行一致，不受利益和压力的影响
	通过正确的渠道和流程，准确表达自己的观点；表达批评意见的同时能提出相应建议
	不传播未经证实的消息，不在背后不负责任地议论事和人，并能正面引导

续表

核心价值观	行为描述
诚信：诚实正直，言出必践	勇于承认错误，敢于承担责任；客观反映问题，对损害公司利益的不诚信行为严厉制止
	能持续一贯地执行以上标准
激情：乐观向上，永不言弃	喜欢自己的工作，认同阿里巴巴的企业文化
	热爱阿里巴巴，顾全大局，不计较个人得失
	以积极乐观的心态面对日常工作，不断自我激励，努力提升业绩
	在碰到困难和挫折的时候永不放弃，不断寻求突破，努力获得成功；不断设定更高的目标，今天的最好表现是明天的最低要求
敬业：专业执着，精益求精	上班时间只做与工作有关的事情；没有因工作失职而造成的重复错误
	今天的事不推到明天，遵循必要的工作流程
	持续学习，自我完善，做事情充分体现以结果为导向
	能根据轻重缓急来正确安排工作优先级别，做正确的事
	遵循但不拘泥于工作流程，化繁为简，用较小的投入获得较大的工作成果

从表 4.2 中可以看出，岗位胜任力分为**专业胜任力**和**通用胜任力**，二者构成了满足岗位要求的基础。

B 公司是我之前的一个客户，该公司是一家飞速发展、规模持续扩大的科技企业。随着公司的发展和壮大，员工人数激增，该公司出现许多组织和人力资源管理问题。B 公司当时的组织机构是基于创业时公司的业务规划设置的，在早期很多成员都扮演着“多面手”的角色，公司没有岗位和职责的概念，而且管理非常扁平化。随着公司业务扩大、人员变多，在公司运行的过程中，组织与业务上的矛盾逐渐凸显出来。部门之间、岗位之间的职责与权限缺乏明确的界定，互相推诿的现象不断出现。公司内有的部门抱怨事情太多，人手不够，任务不能按时、按质、按量完成；有的部门又觉得人员过多，人浮于事，效率低下。公司在人员招聘方面，用人部门给出的招聘标准很多时候十分模糊，招聘人员往往无法对其准确理解，使得招到的人大多不理想，而且公司常常因人设岗，只要应聘者背景好就会对其发出 Offer，而不考虑公司是否真正需要。同时，公司中许多岗位不能做到人岗匹配，员工的能力不能得以充分发挥，严重打击了他们的积极性，并影响了工作的效果，最终导致人才流失非常严重。

B 公司的管理者认识到了问题的严重性，请我介绍的咨询顾问通过问卷和访谈对组织机构进行了调整，以提升各项关键工作流程的顺畅度，最终明确了各部门的岗位设置，其中一个非常重要的输出就是岗位说明书。

对 B 公司来说，经过咨询顾问的帮助，在公司战略不变的情况下，岗位的设置和招聘，不再是“拍脑袋”而定。岗位的来源有理有据，各岗位的具体职责和任职要求也非常明确。对于招聘者，能清楚地知道自己需要招聘具备什么条件的人；对于任职者，能清楚地了解自己是做什么工作的、需要承担什么样的职责等。此外，对外的招聘简章也能清楚地表明工作是做什么的，任职者需要具备什么条件，岗位的亮点（吸引人的地方），从事这项工作能得到什么等。

但这一系列的改进，并没有提升 B 公司面试的有效性，也就是说，拒绝 Offer 的人数和入职后试用期内离职的员工人数并没有下降！

原来招聘是一项系列性的工作，一般意义上的岗位分析可以帮助企业提升招聘流程内部流转的效率和规范，把招聘与企业的战略、部门的设置、岗位的设置等进行链接，形成一个良性的环扣；但这一系列的操作并不能保证企业能找到和识别出正确的“人才”和提升每次面试的“命中率”。**我们还需要进行面试前的岗位分析，即研究某个岗位如何在工作中取得成功，来明确此岗位所需的专业能力和通用能力，然后用行为来定义它们。**这样做能让面试官清楚地了解什么样的人符合岗位要求，并根据这些要求设计面试问题或采用相应的面试方法，完成面试准备。

思考

1. 你有正在招聘的岗位吗?
2. 你对所招聘的岗位进行岗位分析了吗?

面试前准备步骤一：掌握足够信息

当我们理解了在招聘前进行岗位分析的重要性后，接下来我们具体讲述面试前的岗位分析需要哪些资源和信息。

首先，岗位分析需要足够的资源和全面的信息。

1．专业人士

专业人士指对该岗位非常了解的从业者（包括在职者、该岗位的上级、人力资源专家等）。除了招聘领域的专业工作者（如人力资源招聘岗、猎头、招聘外包岗等）需要专业人士的支持，某些岗位任职者的主管有时也需要专业人士的支持，这是因为随着用人者职级或管理者管理权限在组织中逐步上升或扩大，对于某些岗位的了解是逐渐弱化的。**因此，我们需要专业人士一起参与岗位分析，并协助我们来明确岗位任职人员应具备的关键能力。**

2．信息

岗位分析需要掌握的信息包括岗位描述、绩效回顾表、企业使命或价值观、离职员工访谈表（离职员工访谈表来自离职员工访谈）等。在这里我重点谈两点：绩效回顾表和离职员工访谈。

很多时候，我们在进行岗位分析时非常容易忽略某岗位的绩效回顾表，其中有以下几点需要大家留意。

» 该岗位上个周期的绩效是如何考核的，在上个绩效考核周期中该岗位任职者哪个环节是薄弱环节？

» 该岗位在下一个绩效考核周期中，工作内容是否会发生变化，相应的考核绩效是否会发生变化？

» 再次明确该岗位的绩效考核是否已经量化表述？

讲到离职员工访谈，很多人可能认为这没有必要。一个人已经离职或即将离职了，不管是什么原因，进行访谈双方会不会感到尴尬啊？有多少人会真正做这件事呢？实际上，这件事没有想象中那么难。在以往的经历中，我发现一个很有意思的现象，很多人力资源从业者（人力资源从业者可以作为第三方参与离职员工访谈，更容易让离职员工打开心扉）喜欢统计与员工离职相关的数据，也能进行很好的分析，但是这类统计与分析仅局限在人力资源内部、向企业负责人汇报，这类相关信息很少运用到直接的招聘岗位上。在进行离职员工访谈时，企业需要注意以下几点。

» 离职员工对此岗位未来进行招聘的建议。

在《三国演义》一书中，刘备得到徐庶的推荐而三顾茅庐请诸葛亮出山，就可以看作非常典型的离职面谈案例。当时，徐庶因母亲被抓不得不离开刘备。离别之际，刘备正为军中缺乏智囊人士而烦恼，于是徐庶在临别时向刘备推荐了南阳的诸葛亮，刘备在离别之际对徐庶的“访谈”成就了未来三分天下的霸业。

“鸟之将死，其鸣也哀；人之将死，其言也善。”这句话出自《论语·泰伯》，意思是：鸟快要死的时候，鸣叫的声音是悲哀的；人快要死的时候，说出来的话是善良的。因此，我们可以推断：人之将走，其言也真。即将离职的员工很可能会把自己对公司的看法，包括在职时不敢讲的话讲出来。这些临别之际的心声吐露对招聘者来说是十分难得的礼物。

曾经有一个大公司的首席运营官分享过关于领导力的四点感悟，其中一点即反馈是一种礼物！但是企业想得到这件礼物并非易事，因为大多数员工总是倾向于取悦自己的上级或周围的一切，很少批评或质疑他们。虽然个别员工会进行反馈，但他们往往处于另一个极端，他们的反馈往往是一种带有情绪的宣泄。如果企业管理者认真思考一下，就会发现离职访谈是一个很好的契机，它有利于发现自己平时意想不到的问题，更有助于企业日后的改进和提升！

» 通过了解员工离职的原因，了解如何与岗位未来招聘能力点（特别是通用能力）进行衔接。

与离职员工的访谈不仅可以帮助我们更好地理解某个岗位的设置（包括岗位设置的合理性等），还可以帮助我们更深入地认识什么样的人更合适这个岗位。我们不妨尝试理解以下两类问题带来的启发、意义。

问题 A：企业采取什么行动能够让你打消离职的想法？

问题 B：如果有机会再来一次，企业如何做能使你更好地发挥自己的才能和潜力？

企业在对离职者进行离职访谈时，其访谈内容务必涉及上述两类问题，这也是我们进行离职访谈的最终意义。通过了解员工离职的原因，来直面企业存在的问题——有则改之，无则加勉。在离职者的建议下，对企业的规章制度、管理方法、理念等根据情况不断进行调整、完善，向更优秀的企业迈步。

为了留住现有员工，日常我们也要多关注在职员工的感受，了解在职员工的满意度。

下面这份问卷是由盖洛普公司开发的，主要用来测评工作环境和员工的敬业度。盖洛普公司在使用 Q12 测评法[①]为其他公司提供咨询时，会先在盖洛普公司的内部进行验证。所有盖洛普公司员工，每年要接受两次 Q12 检验，经理们还会经常与员工进行交流，以确保公司员工队伍的优秀和寻找优秀的部门经理。那么，我们是否能选取 Q12 中的部分问题，作为企业离职面谈的问卷，然后形成改进行动方案呢？

盖洛普 Q12 问卷

1. 我知道公司对我的工作要求吗？
2. 我有准备好我的工作所需要的材料和设备吗？
3. 在工作中，我每天都有机会做我最擅长的事吗？
4. 在过去的七天里，我因工作出色而受到表扬吗？
5. 我觉得我的主管或同事关心我的个人情况吗？

---

① 盖洛普 Q12 测评法就是针对前导指标中员工敬业度和工作环境的测量。盖洛普通过对 12 个不同行业、24 家公司的 2500 多个经营部门进行数据收集，然后对 105 000 名来自不同公司和公司文化的员工态度进行分析，发现这 12 个关键问题最能反映员工保留率、公司利润率、生产效率和顾客满意度这四个硬指标。这就是著名的 Q12。

6. 工作单位有人鼓励我的发展吗？

7. 在工作中，我觉得我的意见受到重视了吗？

8. 公司的使命/目标使我觉得我的工作重要吗？

9. 我的同事们致力于高质量的工作吗？

10. 我在工作单位有一个要好的朋友吗？

11. 在过去的六个月里，工作单位有人和我谈及我的进步吗？

12. 在过去的一年里，我在工作中有机会学习和成长吗？

盖洛普 Q12 测评法中的 12 个问题设置得非常巧妙，基本涵盖企业的各个方面，强烈向大家推荐。同时，作为人力资源从业人员，在进行员工访谈时，也可以将此作为访谈提纲。

3. 工作职责

我们可以以岗位说明书为基础，明确岗位的关键任务和绩效目标。

» 是否能明确该岗位应聘者入职后三个月或半年内的关键任务是什么？一般情况下，关键任务不宜太多，列举三条即可。

» 是否能确认岗位应聘者入职后三个月至半年内的可以量化的绩效目标？

表 4.6 所示为某公司培训专员的岗位说明书。

表 4.6　某公司培训专员的岗位说明书

岗位目标：
配合并协助人力资源部经理制订和实施员工培训与发展计划，实现公司的人力资源培训目标；组建开放性学习的组织和提高全员的综合素质
岗位性质和范围：
确认员工所需要的知识与技能的培训，并提供适当的培训以确保员工具备岗位所需的技能，还要在执行工作时符合安全、卫生、生产、职业健康、环保和质量的要求；协助员工和团队提升绩效，实现公司业务目标
主要职责：
开展培训调研，确定培训需求，结合公司业务目标制订书面的培训计划，开发培训课程。 ——培训计划 确保所有培训课程的开发、设计和实施，创造一种学习氛围，以实现公司业务目标。 ——培训课程 对培训的内容、培训讲师、培训设施和培训效果进行评估，以监控培训质量。 ——培训质量 负责新员工的入职培训及公司企业文化和价值观方面的培训项目的实施。 ——培训内容 管理各种培训记录和员工个人的培训档案，确保符合公司制度要求。 ——培训档案 协调员工关系，组织沟通会、读书会及其他相关的员工活动，使公司的文化渗透至员工内部，创建友好、活泼、积极向上的企业氛围。 ——企业文化 完成人力资源部经理下达的其他命令。 ——其他
教育背景和经验：
专科及专科以上学历，2 年及 2 年以上相关工作经验。良好的英语和普通话基础；具备展示技巧、小组领导能力；能做到与员工有效沟通，能创新、自我激励，有能力开发、组织并实施员工发展和培训项目
主要素质要求：
诚信、激励、沟通、组织、分析、控制、积极主动、整体观念

表 4.6 的岗位说明书可以帮助我们理解培训专员设立的目的、岗位性质和范围及工作的主要职责，也提供了培训专员的任职要求参考和能力指引。但是，岗位说明书不能描述当下的环境背景所面临的挑战和需

要完成的特殊任务，以及针对这些挑战和任务，哪些能力是必备的、哪些能力可以进行取舍等，所以我们需要背景信息的带入，即只有明确关键任务和绩效目标，才能更好地看清这个岗位在当前阶段的能力要求，以此来对岗位应聘者进行考察。

面试前准备步骤二：明确岗位标准

当我们获取了足够的资源和全面的信息后，就可以整合信息开始明确胜任力了，这是在面试之前的招聘准备过程中非常重要的一个步骤。明确胜任力就是明确哪些工作能力是这个岗位所需要的，即“以终为始”，明确这个岗位的能力标准。

注意：这时我们需要将专业胜任力和通用胜任力同时考虑在内，并牢记两者是同样重要的。

例如，一个前端工程师，专业胜任力可以是精通 HTML 代码[①]、精通

① HTML 代码：超文本标记语言（标准通用标记语言下的一个应用，英文缩写为 HTML），是迄今为止网络上应用最为广泛的语言，也是构成网页文档的主要语言。HTML 文本是由 HTML 命令组成的描述性文本，HTML 命令可以说明文字、图形、动画、声音、表格、链接等。HTML 的结构包括头部（Head）、主体（Body）两大部分，其中头部描述浏览器所需的信息，而主体则包含所要说明的具体内容。

DIV+CSSDIV+CSS[①]等；通用胜任力可以是解决问题的能力、抗压能力等。

但是，我们会发现：即使确认了这个岗位的能力点后，我们仍然会陷入困境，因为能力点的概念是模糊的。例如，什么是“精通 HTML 代码”，什么是“解决问题的能力”……这些模糊的叙述使我们无法直观理解这个岗位的能力标准，也就是没有量化这些能力标准。因此，当我们定义胜任力（明确了某岗位的专业胜任力和通用胜任力）之后，我们还需要用场景化的行为实例/行为语言来定义它们。

为什么要用场景化的行为实例/行为语言来定义胜任力呢？

首先，用这种方式能让我们更直观、更清楚地了解什么样的人符合岗位的要求。

其次，我们可以根据这些场景化的行为实例设计面试问题或者考虑选用合适的选拔测评工具。

那么，如何用场景化的行为实例来定义胜任力呢？我们先来看一个实例。

职位：电话投诉处理专员

“快速回复”对电话投诉处理专员来说是一项非常重要的通用胜任

---

① DIV + CSSDIV+CSS 是 Web 设计标准，它是一种网页的布局方法。与传统中通过表格布局定位的方式不同，它可以实现网页页面内容与表现相分离。

力（根据岗位评估与分析确认“快速回复”是一项非常重要的通用胜任力）。

行为定义：能很快回复客户的来电，合理处理投诉问题。

你觉得这个行为描述如何？虽然简单明了，但是不是还缺少具象化的内容呢？下面我们再来看看这个场景化的具体行为描述。

场景化的行为实例定义：

“即使有其他突发事件，也需要在 30 分钟内回复客户的来电，合理处理投诉问题，每月客户投诉率小于 0.01%，且客户满意度达到 90%。”

以上两个定义的显著区别在于后者对行为描述进行了量化，并赋予了电话投诉处理专员这个岗位场景感，明确了什么是“好”的标准，并且这个量化描述符合 SMART 原则[①]。使用这种方法来定义胜任力，让我们对行为的描述不再“模棱两可”（甚至让人摸不着头脑），因为场景化的行为关联了工作的场景与岗位职责，并且设定了可测量的数据。我们

① SMART 原则：这一原则是彼得·德鲁克在《管理实践》中提出的目标管理方法，按照这个原则制定出的目标才能保证可实施、可跟进、可考核，也更容易实现。SMART 原则（S=Specific，具体的；M=Measurable，可以衡量的；A=Attainable，可以达到的；R=Relevant，相关性；T=Time-bound，有时限）更能保证考核的公正、公开和公平。

还可以再次参阅表 4.2 某个岗位的胜任力模型，对比胜任力的一般定义与行为定义的区别。

我们可以尝试做一个练习，这有助于我们更好地掌握行为定义（答案见后面）。

练习：定义技能——如何用行为实例定义技能？

职位：某咨询公司电话销售岗位

我们先用一般定义对某咨询公司电话销售岗位所需技能进行描述。

» 快速掌握公司产品和服务
» 乐于通过电话与人沟通
» 挑战困难，完成每月销售指标
» 能承受压力

答案：

定义技能

——结合电话销售岗位的 KPI（关键绩效指标）及关键任务进行综合分析，就可以形成以下场景化的行为描述。

» 能够在入职后 2 个月内掌握公司产品，入职后 4 个月内熟练演示产品。
» 每天最少拨打 80 个陌生电话。

» 市场活动客户名单做到活动 2 天内完成全部电话拜访。

» 每周达到 20%的客户有效约见率。

通常情况下，用人者喜欢用下面的语言来描述理想中的人选。

> “帮我找个能抗压的。”
>
> “我要一个善于沟通的。”
>
> “我需要的人是不怕失败的。”
>
> ……

不管是用人者，还是人力资源从业者，或是乙方（如招聘外包公司、猎头），大多都遇到过类似上面描述的招聘要求和条件，但什么是能抗压，什么是善于沟通，什么是不怕失败……这些要求往往让我们“一头雾水”。

在《李彦宏：百度与智能时代的畅想》一书中，提到了李彦宏的用人理念：找最聪明的人，找有成功欲的人，找愿意付诸行动的人，找对搜索引擎和互联网有感情的人！

同样，“找最聪明的人，找有成功欲的人，找愿意付诸行动的人，找对搜索引擎和互联网有感情的人”这样的需求也让我们感到头疼。姑且不论这样的观点是否适用于所招聘的岗位，但可以肯定的是，这样的描述对招聘者或者面试官来说是完全不够的！

希望看完以上内容，大家会逐渐尝试充分利用资源和信息，进而聚焦行为，直至量化行为。**因为我们需要用量化的行为描述来设计面试问题！**

面试前准备步骤三：设计面试问题

当充分进行了岗位分析，并明确了岗位的专业胜任力和通用胜任力后，下一步就是用场景化的行为来定义胜任力。这样做能让我们清楚什么样的人符合岗位要求，并根据这些要求设计面试问题，或更好地选择选拔测评工具。

图 4.1 所示为行为面试法的准备步骤。我将面试准备的三个步骤概括为：进行充分的岗位分析，明确胜任力；对胜任力进行行为定义，要求量化、场景化并符合 SMART 原则；针对岗位的胜任力设计问题。

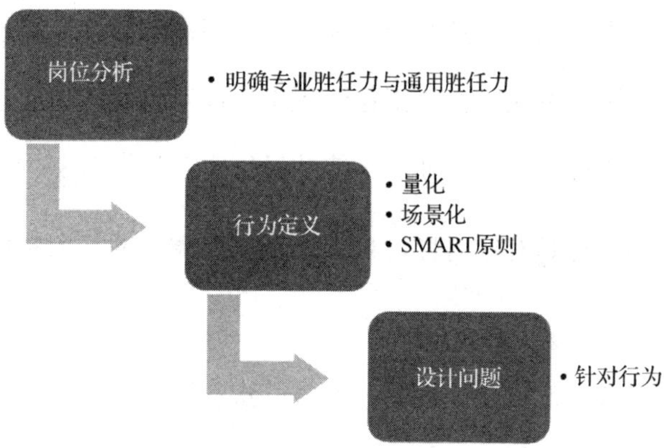

图 4.1　行为面试法的准备步骤

那么，具体我们应如何设计面试问题呢？

让我们先回到第三章提到的电影《神秘拼图》中，假设你现在需要招聘一名刑警，女巡警艾米丽娅·多拉格来面试了，你应如何提问呢？

按照行为面试法的准备步骤，我们需要先确认刑警这个岗位的胜任力（如果你已经定义刑警非常重要的胜任力点为果断、勇敢、机智……），然后用行为来定义它们。

我们先以“果断”为例展开介绍。

“果断是指应聘者能够在复杂或危险的局面中，清醒地估计可能出现的结果，迅速而合理地决断，并及时采取行动。”

（以上为对刑警“果断”的行为定义）

“你好，很多场景下迅速而合理地决断会令刑警队受益甚至可以规避险情。能给我说一说在过去的工作经历中，面对险境，你通过迅速而合理地决断并采取行动，成功处理案情的经历吗？”

这个问题十分具有针对性，目的是获取应聘者的行为实例以判断她的果断性。

下面我对行为面试法设计问题的步骤进行了归纳，如图 4.2 所示。

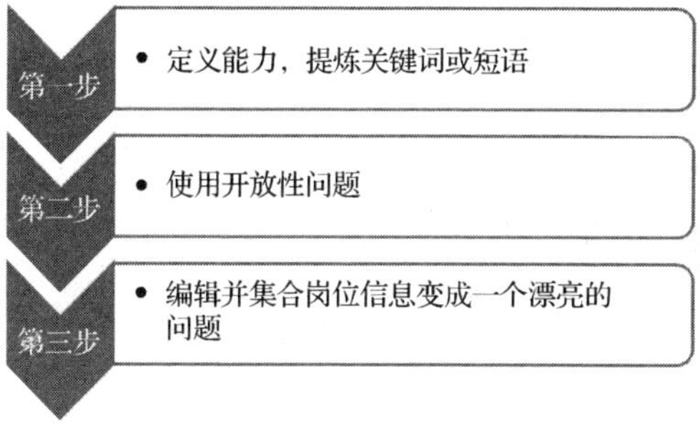

图 4.2　行为面试法设计问题的步骤

第一步：定义能力，提炼关键词或短语。定义岗位所需能力并从中提炼关键词或短语。

第二步：使用开放性问题。开放性问题是行为面试法中最为重要的问题形式，甚至可以说**提前准备的问题都是开放性的**。开放性问题使应聘者不能那么轻易地只用简单的“是”“不是”或者其他简单的词或数字来回答。开放性问题一般会要求应聘者对有关事情做进一步的描述，还会把他们的注意力转移到所描述的那件事情中比较具体的某个方面。只有使用开放性问题才能挖掘出应聘者过去场景化的行为实例。

常见的开放性问题如下：

“能说说你某次……的经历吗？”

“能给我举个……的例子吗？”

“请描述一次……的经历。”

第三步：编辑并集合岗位信息变成一个漂亮的问题。

接下来我们来看一个例子。

某岗位经过岗位分析与评估后确认，**“打破常规”**是一项非常重要的通用胜任力，打破常规的行为定义如下所示。

打破常规：对现行工作流程或假设提出疑问；勇敢问“为什么”来挑战他人的想法，直到挖掘出真正的原因；促进相关各方参与持续改进，寻找不同。

下面我们按照行为面试法设计问题的三个步骤来制订方案。

第一步：定义能力，提炼关键词或短语。从上述的行为定义中提炼关键词或短语，我们可以发现“对现行工作流程或假设提出疑问”是关键短语。

第二步：使用开放性问题。在之前的内容中，我引用电影《神秘拼图》中的场景来介绍什么是行为面试，行为面试的提问核心是获取应聘者过去场景化的行为实例，也就是获取女巡警艾米丽娅·多拉格在接到报警后快速赶到案发现场后所采取的一系列措施。因此，面试官提问的方式是让应聘者回忆并描述当时的场景，以获取其行为实例。我们前面提到的三个提问模式，都是在挖掘应聘者过去的行为实例。

“能说说你某次……的经历吗？”

“能给我举个……的例子吗？”

“请描述一次……的经历。”

因此，我们只需在上面提到的问题中加入提炼的关键词或短语，就可以设计出一个真正意义上有内容的开放性问题。例如：

“能说说你某次对现行工作流程或假设提出疑问的经历吗？”

“能给我举个对现行工作流程或假设提出疑问的例子吗？”

“请描述一次对现行工作流程或假设提出疑问的经历。”

第三步：编辑并集合岗位信息变成一个漂亮的问题。

看看编辑后下面的问题如何。

“勇敢问‘为什么’来挑战他人的想法对任何组织都是有益的。能给我举个例子，说明你在工作中对现行工作流程或假设提出疑问，促进相关各方参与持续改进方案吗？”

所有的提问都是在让应聘者回忆并描述过去的场景，去挖掘应聘者在当时场景中的行为实例，然后去匹配岗位未来所需要的能力点。表 4.7 所示为某公司培训经理的行为面试题，以供大家参考。

表 4.7　某公司培训经理的行为面试题

能　　力	专业/通用	行 为 定 义	行为面试题
责任心	通用能力	以公司为家，事业心较重，对于自己、部门的工作，甚至公司未来的发展方向等问题主动思考，并以此为己任，感到自己身负责任重大	能分享一个你在过去为了公司未来的发展方向主动思考的例子吗

续表

能　力	专业/通用	行 为 定 义	行为面试题
计划能力	通用能力	全面、准确地观察任务或项目的深度和难度，设定目标，将工作分解成不同的流程步骤，合理配置资源，制订工作计划及有效的异常处理措施，合理安排工作，根据工作出现的问题进行少量的调整，使最终结果和计划一致	请描述一次根据工作出现的问题进行少量调整，最终使结果和计划一致的经历
组织协调能力	通用能力	能够组织本公司外资源（人员、资金、材料和支持）完成工作，能够同时组织不同机构实施不同的行为去完成目标，使公司在一致行动中获益	能说说你某次同时组织不同机构实施不同的行为去完成目标，使公司在一致行动中获益的经历吗
影响力	通用能力	在任何环境中，其言行举止对他人具有强烈的影响，并成为拥护、追随的对象，能够轻易改变他人的思想和行动	能给我举一个关于你过去通过自己的言行举止轻易改变他人的思想和行动的例子吗
沟通能力	通用能力	与利益完全不一致者沟通，能有效地求同存异，达成共识，消除分歧，使沟通对象自愿认同自己的观点	能描述一次你过去通过有效的求同存异，最终使沟通对象自愿赞同自己的观点的经历吗
项目管理能力	专业能力	建立一套系统的行动方法确保项目的实施，设定合理的项目规划和实施方案，资源分配高效、合理，项目效果优异，项目文档完整	在之前的工作中，你是如何建立一套系统的行动方法以确保项目的实施的？能给我举一个案例说明吗
学习能力/心态	通用能力	学习的热情高涨，愿意自我学习和提高，适时了解新知识，并根据自己的实际情况制订详细的学习计划且持续执行，能力提升很快	在上一份工作中，你是如何根据自己的实际情况制订详细的学习计划且持续执行，进行能力提升的？能给我举一个例子吗

续表

能　　力	专业/通用	行为定义	行为面试题
灵活性	通用能力	基于不同的工作环境和目标而调整自己的工作方法和风格，经常根据具体情况变换思路和方法，总能根据情况寻找到合适的解决方式	请描述一次自己根据具体情况变换思路和方法，从而找到合适的解决方式的经历
服务意识	通用能力	表现出创造性地利用各种资源满足公司内外部客户需求的能力，尽最大努力提高内外部客户的满意度	在之前的工作中，你是如何提高内外部客户的满意度的？请举一个案例说明
行业知识	专业能力	对本行业非常了解，熟悉各竞争对手的基本状况、市场分布、产品及服务特征等	在上一份工作中，你是如何熟悉各竞争对手的基本状况的

很多面试官在提问时，喜欢一下向应聘者抛出好几个问题。实际上，在面试时，面试官应该一次只问一个问题，而且这一个问题只能围绕某一件事，而不是多件事，这样能更清晰地获取应聘者场景化的行为实例，以考核其匹配未来岗位的能力。综合所述，就是一个问题，一个行为实例，一个能力点的判断。

此外，我们在设计问题的时候，要尽量使用定义中的关键词或短语，这样应聘者还原的场景化行为实例会更接近未来工作的场景，从而使我们判断得更准确。

以前，你会留时间准备面试吗？

以后，你会留时间准备面试吗？

马云最开始创业的时候对团队成员说："If not now, when? If not me, who?"马云说的这句话，我非常喜欢，尤其是它的中文翻译："舍我其谁，时不我待！"

If you fail to prepare, you prepare to fail! 如果我用这句英语给本章做个小结，你会如何翻译呢？

第五章

Chapter ★ 05

你的面试，你的舞台

» 面试开场白，良好面试的开端

» 行为实例的获取，面试漏斗来帮忙

» 面试的收尾与互动

» 面试时间安排，体现面试专业度

面试是招聘成功与否的关键，面试经历会对每个人的职业生涯产生极大影响。

面试开场白，良好面试的开端

当我们进行了充分的准备，带着准备已久的面试题踏入面试室的那一刻，一场面试就开始了。曾有很多人问我："对于一场面试，我们应如何进行开场白呢？如何让应聘者获得更好、更专业的面试体验呢？如何才能让自己为面试做的准备工作在实战中充分发挥效果呢？"

在这里，我绘制了一份行为面试过程流程图，如图 5.1 所示。

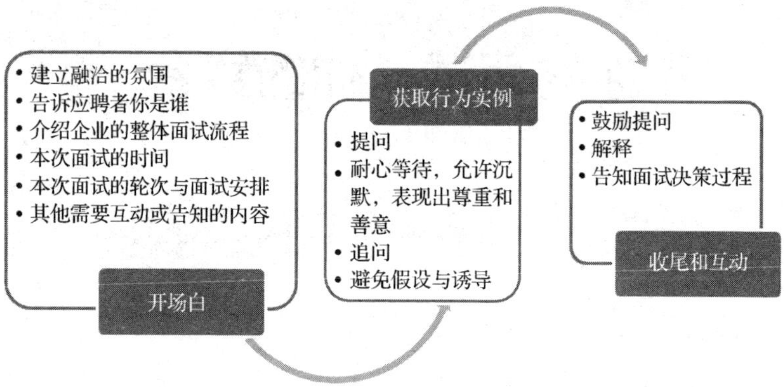

图 5.1　行为面试过程流程图

一般来说，整个行为面试的过程主要包括开场白、获取行为实例、收尾和互动。面试开场白不仅是和应聘者简单地打招呼，更是在开场就通过言语、动作等打破局面，建立融洽的氛围，为后续的面试做铺垫。面试官在开场时要向应聘者介绍整个面试流程的安排，让应聘者做到心中有数。

开场白结束后，进入面试的主要环节——获取行为实例。在这个环节，面试官通过对应聘者提问、追问，从应聘者的表现与回答中获取其行为实例。面试官在这个环节所获得的信息会对面试决策起到关键作用。在这个环节面试官具体如何对应聘者进行提问，如何获取应聘者的行为实例，可以采取哪些方法等，我将在下一节中详细讲述。

一场面试要有始有终，好的收尾和好的开场白一样重要。很多时候，我们在面试的前半部分中表现得很棒，却忽视了面试的收尾，结果导致整个面试效果不佳。希望大家同样重视面试的收尾。如何做一个完美的面试收尾，我将在本章第三节中详细讲述。

在这一节中，我们先讲一场面试的第一步——开场白。开场白很重要，因为第一句话往往会给人留下深刻的印象。

下面，我们先来看一个面试场景。

场景 A

» “你好，请坐，今天过来方便吗？”

» “需要喝点什么吗？”

» “非常感谢今天你能来参加我们的面试。”

» “我姓王，可以叫我王××。我是这款产品的负责人，也是你面试岗位的直接上级。”

» “我们正在开发一款新的社交产品，需要增加一个新的产品经理，今天希望通过交谈能增进对你的了解。我会问一些与你过去的经历有关的问题，并且会做些记录，请尽可能详细地描述当时的情形、你的具体行动和最终的结果。”

» “我们的面试会进行 50 分钟左右，结束前我会给你留出时间提问。”

» “这个职位的面试流程分为两轮，第一轮是人力资源部的初面，我这里是终面。好，我们可以开始面试了吗？”

场景 A 是一场面试的完整开场白。从场景 A 中我们看到，面试开场时首先要和应聘者打招呼，力求建立一个融洽的面试氛围，然后向应聘者介绍你是谁、整体面试流程、面试时间、面试轮次等。

整体来说，面试开场白应该包含两个方面的内容——建立融洽的氛围和描述面试过程。建立融洽的氛围很重要，从场景 A 中可以看到，面试官开始和应聘者进行了寒暄，拉近了彼此的距离。良好的氛围有助于使应聘者放松，从而对面试官及面试官所在的企业产生初步的信任，也有利于应聘者打开心扉分享自己过去真实的经历。

这一点似乎看起来很简单，但实际上，很多面试官没有完全做到，甚至有的面试官做得很差。我曾听一些人描述过自己真实的面试经历（见场景 B 和场景 C），我对此感触很深。

场景 B

朋友 C 遇到的事情很让人无语，他从某城市北五环跑到南五环面试，单程耗时 1.5 小时。为了表示自己重视此次面试，他提前 30 分钟来到面试地点，那时候面试官还没来。等到比约定面试时间晚 40 分钟后，面试官才姗姗来迟。面试官拿着朋友 C 的简历，看都不看一眼直接问：“你在××方面的数据是如何处理的？”接着寒暄了几句就说面试结束了，其他的经历一概不问，整场面试时间不超过 10 分钟。之后，人力资源管理人员还未走到桌前，就远远地跟朋友 C 说："你可以走了。"朋友 C 一下午的时间，就这样浪费了。

场景 C

朋友 D 去 J 公司参加面试，被一脸冷漠的面试官领进面试室。在朋友 D 向面试官做自我介绍时，面试官时不时拿起手机回复微信、刷微博，等朋友 D 自我介绍完，面试官问了几个象征性的业务问题，随后说："你可以走了。"朋友 D 就默默地离开了。朋友 D 说他感觉不像在参加面试，更像在配合面试官出演一场面试戏，连面试官是谁也不知道，他深感被羞辱。

场景 B 中的朋友 C，从北五环跑到南五环面试，单程耗时 1.5 小时，为了表示自己重视此次面试，他提前 30 分钟来到面试地点，然而等待朋友 C 的是面试官的姗姗来迟……面试官虽然很难理解每个应聘者求职的心情，但是至少可以做到尊重应聘者对于公司及面试岗位的那份期待，所以建立融洽的氛围是非常有必要的。在场景 C 中，朋友 D 面试完，竟然连面试官是谁也不知道……在我的职业生涯中，遇到过太多类似的案例。

"这个人好凶啊，他是谁？"

“这个人是部门经理吗？”

“你们的面试有几轮？”

“我们什么时候能得到结果？”

……

无疑，上面这些是一些面试官经常忽略的一项开场白应涉及的内容，即**描述面试过程**。那么，什么是描述面试过程呢？

一般情况下，描述面试过程涉及以下内容。

» 告诉应聘者你是谁。

» 介绍公司的整体面试流程。

» 介绍招聘岗位的背景。

» 介绍本次面试的轮次与面试安排。

» 介绍本次面试的时间。

» 告知面试中需要应聘者描述一些具体的行为实例。

» 简单介绍行为实例是什么。

» 介绍本次面试安排的内容（如果还有相应测评也可以提前告知）。

» 介绍其他需要互动或告知的内容。

建立融洽气氛，描述面试过程，如果你能做到这两点，这就是一个良好的开场白了。良好的开场白能够缓解应聘者紧张的情绪，建立初步的信任，从而获取一些额外的信息。

很多时候，你可以通过与应聘者寒暄了解一些额外的或较为敏感的信息，如应聘者的住址、住房状况、婚姻状况、子女和家庭状况等。如果是招聘某些特定的岗位（如需要倒班的岗位、需要长期出差的岗位等），那你需要了解更多信息。

一个好的开场白能够让你对应聘者有更多的认识。例如，你可以通过“今天这么晚过来，挺辛苦的，路上耗费很多时间吧？”这个问题侧面了解应聘者的住址距离公司是远还是近，又适当表明了自己对应聘者的关心，不会让应聘者感到直接、生硬。

你看，一个良好的开场白能达到事半功倍的效果，会让你收获很多。

思考

1. 在你以往的面试中，你是怎么样做开场白的？
2. 看了以上内容后，你觉得自己还有哪些方面可以改进？

行为实例的获取，面试漏斗来帮忙

上一节中我们讲了如何做一个好的开场白，本节我们讲述如何获取应聘者的行为实例（见图 5.2）。

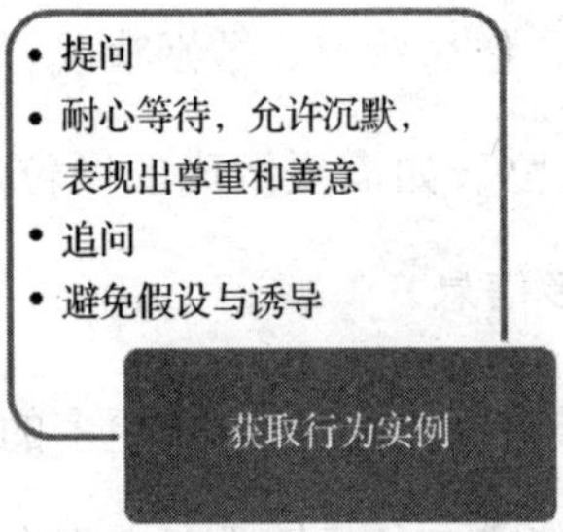

图 5.2 获取行为实例的方法

实际上，整个行为面试的重点就是获取应聘者的行为实例。我们可以按以下四个步骤来获取应聘者的行为实例。

1．提问

作为面试官，在正式面试前你是否已经准备好面试题了呢？

我个人建议，提前准备 5 个行为实例面试题比较妥当，因为一场好的面试安排时间过长或过短都会产生不同的问题。当一个问题提出后，面试官还应根据应聘者的回答继续追问。

2．耐心等待，允许沉默，表现出尊重和善意

在以往的面试过程中，当应聘者思考问题时，你是耐心等待应聘者回答，还是表现出咄咄逼人的架势呢？

我遇到过很多的面试官，他们会表现出咄咄逼人的架势，向应聘者强调快速应对，甚至以应聘者是否能迅速应答作为评判依据。

爱因斯坦的相对论告诉我们：“一个物体是运动的还是静止的，取决于所选取的参考物。”举个例子，如果你和一位穿着整洁的人坐在一起，就会觉得时间过得很快，但如果你和一位十分邋遢的人坐在一起，就会觉得时间过得很慢。

当你闭上眼睛，静静地想着自己喜欢的人、喜欢的事或者规划周末的旅行，和你只是单纯地闭上眼睛，哪段时间过得更快呢？

记得在某培训课程中，我做了这样一个实验。我让学员先闭上眼睛，不做任何提示，然后睁开眼睛；接着再闭上眼睛，但此时我让学员思考一下晚上吃什么。我留给两个闭眼过程的时间都是 6 秒钟，但是学员的感受完全不同，他们会觉得前面一段时间更长。

其实，当面试官抛出问题后，相对论就开始运作了，**行为面试法提问的核心不应是评判应聘者回答或应对的速度，而是获取其行为实例。**面试官应耐心等待，允许应聘者沉默，甚至鼓励或安抚应聘者的情绪，这样能获取更全面的行为实例。记住，架构缜密、实时追问才是压力面试最好的体现，而不是营造紧张的气氛。

3. 追问

追问，继续追问。这是获取行为实例的最后一步。

正式讲述这项内容之前，我们需要先明白什么是一个“好”的回答。

在这里，我先给大家介绍一个工具——STAR 法则。

STAR 法则是一个很好的场景行为获取工具，可以让我们明确什么是行为实例，什么是完整的行为实例，以及需要对哪些要素或要点进行追问。

具体来讲，STAR 是情景（Situation）、任务（Task）、行动（Action）、结果（Result）四项的缩写，其具体含义如下所示。

» S——Situation：事情是在什么情况下发生的。

» T——Task：当时你的任务是什么。

» A——Action：针对这样的情况分析，你采取了什么行动。

» R——Result：结果怎样。

STAR 法则是一种讲述自己故事的方式，或者说是一个清晰、有条理的行为模板，可以用来收集应聘者与工作相关的具体信息和能力（场景化的行为实例）。

运用 STAR 法则可以更精确地预测应聘者未来的工作表现，STAR 法则是进行行为面试的一个非常重要的工具。

一个完整的 STAR 法则，就是一个完整的场景化行为实例。

对于 STAR 法则的运用，我们需要注意以下两个方面。

第一，挑战（Challenge）——在某种场景下，面对任务时，当时的挑战是什么？

只有知道在何种压力下以及如何应对，这样的行为实例才能反映出应聘者的能力。压力的大小值是应聘者反应能力的一个刻度尺。

让我们再次回忆第三章讲到的电影《神秘拼图》中的场景一来理解STAR 法则。

» 情景（事情是在什么情况下发生的）：安吉丽娜·朱莉所饰演的女巡警艾米丽娅·多拉格在接到报警后快速赶到案发现场，在那里发现了一具尸体及留在火车铁轨上的一些与案件有关的证据。

» 任务（当时你的任务是什么）：处理报警，并保留案发现场的证据。

» 行动（针对这样的情况分析，你采取了什么行动）：她冒着生命危险且超越职权逼停了火车，然后让报案的小男孩快速去买一次性相机，把所有的证据拍摄下来，并非常机智地用口袋里的美元纸币做对比拍下了现场留下的脚印。

» 结果（结果怎样）：完整地记录和保留了案发现场的证据。

在这个 STAR 法则中，艾米丽娅·多拉格面临的挑战主要有以下四点。

第一，正在下着的大雨可能会破坏现场证据；

第二，火车飞快驶来；

第三，逼停火车会有生命的危险且超越了职权；

第四，没有随身携带拍照设备。

如果你能获取或清楚当时应聘者面临的挑战，就会发现在整个事件中其行动的难易程度。以电影《神秘拼图》中的场景一为例，我们清楚当时女巡警面临的挑战，所以明白她当时采取的行动是多么不易，这样更能体现她的勇敢、果断、机敏等能力的等级。

可以说，挑战是一把尺子，可以衡量 STAR 法则的含金量！

第二，学习（Learning）——在这样的情况下你学习到了什么？

在一个 STAR 法则的过程中，结果是指整个行为实例的结果，但是对应聘者来说，在这样的情况下学习到了什么（也就是我们通常意义说的自我行为的认知）同样是非常重要的。

从心理学的角度看，自我认知指的是一个人对自己的洞察和理解，包括自我观察和自我评价。自我观察是指对自己的感知、思维和意向等方面的觉察；自我评价是指对自己的想法、期望、行为及人格特征的判断与评估，这是自我调节的重要条件。

自我认知出现偏差会有两个极端的表现：一是太自卑或不自信，无法了解自己的优点，觉得其他人都比自己强，做事畏缩不前；二是过于自大或过高地估计自己，常常盲目乐观，结果导致工作失误。恰当认知自己，能够让你克服一些不切实际的内心执着，还能够全面认识自己，在工作中寻找到适合自己的方面。

在探究应聘者学习到了什么的时候，实质是在获取他的自我认知能力！

在克莱顿·克里斯坦森[①]的著作《你要如何衡量你的人生》中，他提到了两个有意思的概念："正确特质"和"经验学校"。"正确特质"类似于本书前面所提到的胜任力，克莱顿·克里斯坦森认为一些人具有"正确特质"不是因为他们天生具有出众的能力，而是因为在他们的成长过程中，经历了"经验学校"（积累了在高风险情况下如何应对挫折或强压的经验），从而培养了他们的能力。寻找有"正确特质"的人就是看他们经历了什么样的"经验学校"。优秀的人才往往不是天生的，而是在生活和工作中培养和塑造出来的。

当我们面对巨大的挑战时，仍然努力应对、不怕失败，在《领导梯队》[②]一书中把这样的时刻称为"熔炉时刻"。该书作者认为："许多人在经历一个'熔炉'后会发现自己人生的故事，那是生命中起到决定作用的一个艰难时刻，也是成长的时刻。"什么是具体的"熔炉"呢？能力可以在工作与生活中培养和塑造，一个具有挑战性的任务、一次领导项目的失败、一次新领域的任务……通过这些，我们不难发现，行为面试就是在不断用 STAR 法则一次次还原这些"熔炉"！

因此，我们可以认为：在行为面试的过程中，STAR 法则不一定是

---

① 克莱顿·克里斯坦森，哈佛商学院教授，著有《你要如何衡量你的人生》。这是一本面向大众读者的励志书籍，不过它不是普通常识的汇编，而是作者把多年企业管理实践和研究中用到的缜密分析运用于对个人成功和幸福的研究，总结出了可以解释我们的选择与个人成功和幸福之间因果关系的理论。

②《领导梯队》：领导梯队被誉为"领导力开发的圣经"。该书介绍了领导力发展的六个阶段，全面、系统、深入地阐释了世界卓越企业的领导梯队建设体系。

正面或成功的行为实例。负面或失败的案例也能给我们带来启发，并且能够判断应聘者的能力，还可以凭此对其未来行为进行预判！

通常情况下，在面试中我们可以继续追问：**“如果同样的状况再次发生，那么你会怎么做？”或者“如果同样的状况再次发生，那么你会有哪里做的和之前不一样呢？”**我们还可以直接通过提问获取应聘者“失败”的行为案例，再根据案例追问相关问题，追问能够帮我们探索应聘者学习到了什么（成长和对自我的认知）。

当你真正理解和掌握了 STAR 法则后，就会发现在行为面试中追问是非常重要且必要的。为什么要进行追问呢？因为很多时候我们会面临以下问题。

- 应聘者进行含糊的表达或理论性的叙述
- 应聘者表述的所看到、所听到的信息半真半假
- STAR 法则要素不完整

下面我举个例子来说明。

“在拜访一个大客户前，我们事先会进行准备。例如，我们会分析可能存在的竞争对手、我们公司和竞争对手的优劣势、大客户可能对待我们的态度等，并预设很多对方可能会提问的问题等。此外，我们还会进行模拟演练。准备充分后，我们就登门拜访。拜访、互动的内容和我们之前的预判相差不大。对方和我们公司的合作意向比较明显，他们最初的询问和强势只是在探我们价格的底线，我们在沟通中还是‘咬住’了价格，以提供更多服务作为备选项而不是牺牲价格，之后我们还进行了

一次沟通，最终签订了合同。”

以上内容是一个应聘者关于销售问题给出的回答，面试官是否能根据以上内容来评价这个应聘者的“大客户销售能力”呢？

当然不能！因为应聘者扮演了什么角色，特别是他所扮演的角色在这个销售过程中起到了什么作用等表述得非常模糊，他在讲述案例时更多的是用“我们”来介绍……此外，当时的挑战，以及面对这样的挑战他是如何应对的等信息完全没有提到。

上面的案例缺少很多判断因素，应聘者给出的答案中夹杂着含糊的表述、理论的回答，缺少 STAR 法则要素。很多应聘者为了充分展示自己的能力，会把自己听到的、看到的及所能想象到的完美表现编入自己的回答中，即将半真半假的信息交织在一起，因此面试官用 STAR 法则作为梳理信息的标准，并进行追问是非常有必要的！根据以往的经历，我发现大部分面试都需要跟进和追问，只有这样才能获得完整的行为实例。

那么，具体我们应该如何追问呢？通常情况下，我们可以使用三种工具进行追问。

工具一——5W1H 分析法

1932 年，美国政治学家拉斯维尔提出“5W 分析法”，后来经过人们的不断运用和总结，逐步形成了一套成熟的“5W+1H”模式。“5W1H 分析法”，也叫六何分析法。它是一种思考方法，也可以说是一种创造技法，在企业管理以及日常工作、生活和学习中得到了广泛的应用。

5W1H 是 Why、When、Where、Who、What、How 几个英文单词的首写字母，具体含义如下所示。

» Why 为什么——原因或情形

» When 和 Where 何时、何地

» Who 谁——你的角色和其他参与人员

» What 什么——任务/目标，采取的行动，结果，当时面临的压力

» How 如何——感觉、想法、动机

这种方法同样可以运用到行为面试中的追问中。

Why——坚持问“为什么”能帮助我们更好地探寻事情发生的背景。

Who——很多应聘者在回答中很喜欢说“我们”，但是行为面试的核心是探寻“你”，在面试中不断追问“你扮演什么角色？”“当时你是怎么做的？”“你做了什么？”……

When 和 Where——面试官需要追问事件发生的时间和地点。

当你追问的重点紧扣 5W1H 时，会无形中给应聘者带来很大的压力，但这种压力不是负面的，而是为了更好地挖掘应聘者的过往行为实例，进而通过应聘者的回答，对其进行更客观的分析与评判。

我们可以参考下面的一些问题进行追问。

“能告诉我你为什么那么做吗？”——Why

“这件事是在什么时候、什么地点发生的？”——When 和 Where

“当时是你做的吗？”——Who

“你具体做了什么呢？”——What

“你的任务是什么？”——What

“当时你为什么会采取这样的方式呢？”——Why

“你是怎样开展工作的？”——How

“当时你是怎么考虑的？”——How

……

针对面试官的提问，应聘者会采取各种不同的应对方式，或泛泛而谈，或避重就轻，**但是请面试官记住自己的目的是获取其行为实例**，只要把握住这个目的，应聘者的谎言和套话往往难以逾越 5W1H。

让我们延用上文提到的案例，用“5W1H 分析法”追问“大客户销售能力”（见表 5.1）。

表 5.1 用“5W1H 分析法”追问“大客户销售能力”

泛泛而谈或不够具体的回答	5W1H	通过追问获取完整的行为实例——STAR
“在拜访一个大客户前”	When/Where	能告诉我，是什么时候接到这个任务的
		是在哪里拜访这个客户的
		在拜访这个客户的时候，你在这家企业工作多久了
“我们事先会进行准备”	Who	当时你的角色是什么
		这是你的客户吗
		我们是指谁？你扮演什么角色呢

续表

<table>
<tr><th>泛泛而谈或不够具体的回答</th><th>5W1H</th><th>通过追问获取完整的行为实例——STAR</th></tr>
<tr><td rowspan="2">“例如，我们会分析可能存在的竞争对手、我们公司和竞争对手的优劣势、大客户可能对待我们的态度等，并预设很多对方可能会提问的问题等”</td><td>How</td><td>具体说说当时你是如何做竞争对手分析的</td></tr>
<tr><td>Why</td><td>当时为什么要做这些呢</td></tr>
<tr><td rowspan="2">“我们还会进行模拟演练”</td><td>Why</td><td>为什么要进行模拟演练</td></tr>
<tr><td>How</td><td>你们是如何做模拟演练的，能具体说下吗</td></tr>
<tr><td rowspan="3">“他们最初的询问和强势只是在探我们价格的底线，我们在沟通中还是‘咬住’了价格”</td><td>Who</td><td>能告诉我，当时现场有几个人？你扮演什么角色</td></tr>
<tr><td rowspan="2">How</td><td>当时你是如何判断对方的强势是在探你方的价格底线的</td></tr>
<tr><td>具体说说你们是如何“咬住”价格的</td></tr>
</table>

工具二——5Why 分析法与剥洋葱法

20 世纪 80 年代，美国政府发现华盛顿的杰弗逊纪念堂墙壁受腐蚀损坏严重，于是请了专家来调查。

专家：“为什么大厦表面斑驳陈旧？”

回答：“最开始我们认为是酸雨造成的，后来发现酸雨的作用没有如此明显（不是根本原因）。”

专家发现，冲洗墙壁所用的清洁剂对建筑物有腐蚀作用，该大厦墙壁每年被冲洗的次数远远多于其他建筑，其被腐蚀程度自然更加严重。

专家：“为什么要经常清洗？”

回答：“因为大厦被大量的燕粪弄得很脏。”

专家：“为什么会有那么多燕粪呢？”

回答："因为燕子喜欢聚集在这里。"

专家："为什么燕子喜欢聚集在这里？"

回答："因为建筑物上有它们喜欢吃的蜘蛛。"

专家："为什么会有蜘蛛？"

回答："蜘蛛爱在这里安巢，是因为墙上有大量它们爱吃的飞虫。"

专家："为什么有那么多飞虫？"

回答："因为飞虫在这里繁殖得特别快。"

专家："为什么飞虫在这里繁殖得那么快？"

回答："因为傍晚时尘埃在从窗外射进来的强光的作用下，形成了刺激飞虫生长的'温床'。"

拉上窗帘，杰弗逊纪念堂的问题就这么轻易解决了。大厦从此以后几乎没有受损。

上面的案例来自一种通过不断问"为什么"来寻找问题根本原因的质量管理方法——5Why 分析法[①]，又称"5 问法"，也就是对一个问题点连续以"为什么"来提问，以追究其根本原因。虽为 5 个为什么，但使

① 5Why 分析法最初是由丰田佐吉提出的；后来，丰田汽车公司在发展完善其制造方法学的过程中也采用了这一方法。作为丰田生产系统的入门课程的组成部分，这种方法成为其中问题求解培训的一项关键内容。丰田生产系统的设计师大野耐一曾经将此方法描述为："……丰田科学方法的基础……重复 5 次，问题的本质及其解决办法随即显而易见。"目前，该方法在丰田汽车公司之外已经得到了广泛应用。

用时不限定只做 5 次为什么的探讨，而是根据实际情况找到根本原因为止，有时可能需要 3 次提问，有时可能需要 10 次提问，也就是说我们要“打破砂锅问到底”。

在面试的追问中还有一种类似于 5Why 分析法的方法，即剥洋葱法。剥洋葱法的核心是 STAR 法则，层层挖掘 STAR 法则要素并不断追问“下一步”“后来呢”“为什么”……

针对一个应聘者，基于 STAR 法则，就某一件事，反复去剥，就叫剥洋葱法追问。剥洋葱法追问的经典追问词就是“下一步”“后来呢”“为什么”。在我们进行追问时应注意自己的语气，因为当我们问多了之后，没有这方面经历的应聘者很容易崩溃。

利用剥洋葱法追问能让面试官透过现象看本质，就像剥洋葱一样，从外层到里层剥得一点不剩。

下面我具体介绍如何利用剥洋葱法进行追问。

当时是怎样的环境？——“下一步”“后来呢”

为什么这样做？——“下一步”“后来呢”

当时最大的压力是什么？——“下一步”“后来呢”

你做了什么？——“下一步”“后来呢”

结果是什么？——“下一步”“后来呢”

……

我们还可以参考以下问句。

» 你做的第一件事是什么？为什么？

» 你当时想达到的目的是什么？

» 你具体是如何做的？

» 还有谁参与了这件事？

» 你的角色/作用是什么？

» 你当时是怎么想的？

» 在这期间还有其他重要的事发生吗？

» 最后的结果如何？

» 你是怎么知道这个结果的？

多年前，我曾面试过一个工作了两年的小伙子，他应聘的是运营的岗位。他说自己在原来的单位负责过2000万元的投放项目。当时我很惊讶：一般而言，对于2000万元的投放项目，一个只工作了两年的年轻人是很难操作的。于是，我就用剥洋葱法进行追问。

» 你是在什么情况下拿到这个项目的？

» 你什么时候开始负责这个项目的？

» 这个项目是什么？

» 为什么让你负责？

» 为了保证这个项目的达成，你准备了多久？

» 为了保证这个项目的达成，你采取了哪些行动？

» 你为什么采取这些行动？

» 当时你是怎样选择投放渠道的？

» 你如何保证这个项目的投放数据是符合预期的？

» 你如何保证这个项目的投放数据分析是即时和真实的？

» 你和项目团队其他成员之间是如何配合的？

» 如何评价投放渠道？

» 最后结果怎么样？

» 公司领导是如何评价这个项目的？

» 公司领导为什么给予这样的评价？

……

在经过一系列追问后，这位应聘者说："不好意思，我其实不是这个项目的负责人，我只是参与了这个项目。"我利用剥洋葱法反复追问，是为了了解这位应聘者是否真的负责过 2000 万元的投放项目，他在其中具体担任了什么样的角色，他真正贡献了什么……从中我进一步挖掘出 STAR 法则要素，进而对应聘者进行分析和评判。

工具三——销售漏斗

销售漏斗是科学反映机会状态及销售效率的一个重要的销售管理模型（见图 5.3），可以指出公司的客户资源从潜在客户阶段，发展到意向客户阶段、谈判阶段和成交阶段的比例关系（转换率）。

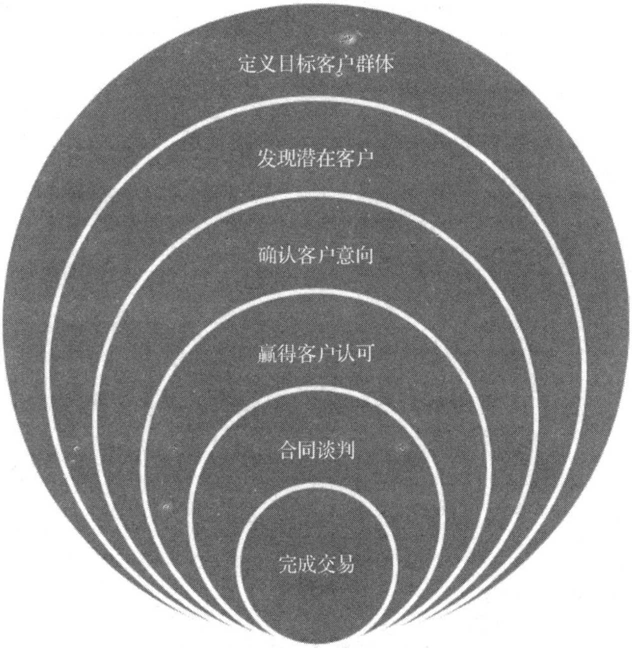

图 5.3　传统销售漏斗示意图

如果让我对追问做个总结，那么我觉得追问好像销售漏斗，当面对开放性问题时，应聘者的回答就像销售漏斗的一个层级，不过我们需要对自己的追问进行层层过滤最终才能得到能够评估应聘者能力的 STAR 法则。

通俗地讲，销售漏斗就是紧扣 STAR 法则的主线进行“下漏”（见图 5.4）。

结合面试漏斗技巧示意图，我们来看下面的一个例子（见表 5.2）：能分享一个你在过去的经历中为了公司未来发展方向主动思考的例子吗？

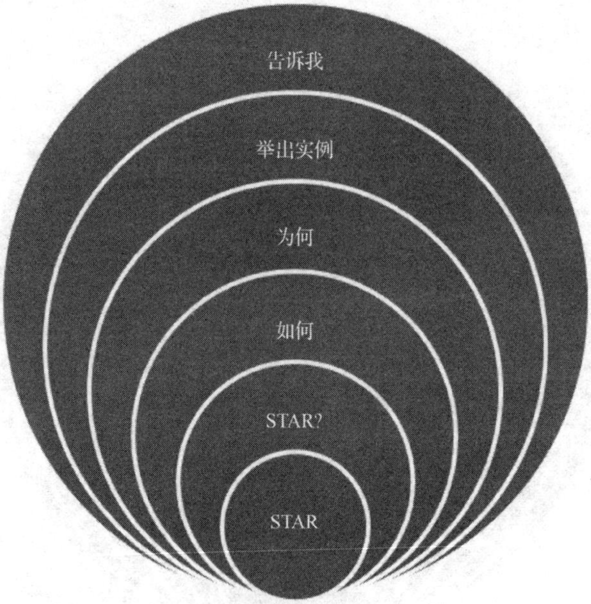

图 5.4　面试漏斗技巧示意图

表 5.2　利用面试漏斗技巧示例

步　骤	回答示例	措　施
告诉我	回答含糊、抽象，或者不够具体、包含假设和总结等	追问
举出实例	作为一名工程师，我曾向公司负责人提出随着人工智能的发展，人类工程师是否会被其取代	能举一个具体实例吗？这是在哪家公司？你的建议是在什么时候提出的
为何	当时是在前一家公司，我是设计部门的经理，记得一次偶然看到一个关于人工智能代替简单设计工作的信息后，我就找公司负责人进行了一次探讨	能告诉我为什么看到这个信息后，会主动找公司负责人探讨呢
如何	我任职的前一家公司规模不大，可以说是一家小型公司，看到那个信息后，其实我内心很焦虑，于是就想和公司负责人探讨下行业未来的发展	与公司负责人探讨后的结果如何
获取 STAR 法则了吗	回顾笔记记录，确认是否获取了完整的 STAR 法则	

从表 5.2 中我们可以看出，应聘者的回答非常含糊、抽象且不够具体，我们无法从中获取其行为实例。因此，我们需要利用面试漏斗对其进行追问。

例如：“作为一名工程师，我曾向公司负责人提出随着人工智能的发展，人类工程师是否会被其取代。”

如果不认真思考，似乎应聘者已经表达了自己的观点，有的面试官觉得这就够了，可以开始下一个问题了。但是，如果认真思考一下就会发现我们从中仅仅了解了应聘者的想法、观点，这些都是抽象的，没有任何具体的行为实例。因此，针对应聘者的回答，我们应该继续追问：“能举一个具体实例吗？这是在哪家公司？你的建议是在什么时候提出的？”通过追问，我们可以获得其详细的行为实例。

经过面试漏斗“告诉我—举出实例—为何—如何—获取 STAR 法则了吗”一层层的追问，我们最终可以得到能够评估应聘者能力的 STAR 法则。

在整个行为面试的四个步骤中，追问是第三步。前面我用了大量的篇幅来讲述追问及追问的方法，并结合具体案例加以分析，希望大家在理解的基础上，在实际中广泛应用，使自己在面试实战中收获理想的成果。

4. 避免假设与诱导

我们先来看看以下两个提问的案例，并试着判断一下以下两个问题是否合理。

A：“你认为作为一名讲师应如何设计课程？”

B：“处理电话投诉需要很强的客户导向能力和抗压能力，你在处理电话投诉的时候是如何做的？”

事实上，我们在行为面试的过程中，这两类问题都应该避免。

A 问题其实是一个**理论性/假设问题**。如果面试官提问理论性/假设问题，那么只能获取抽象的答案或者应聘者一般的行为。例如，如果问一个销售如何取得好的业绩，那么他能回答得很漂亮，这个答案也许是他看到的或学到的，但是其中有多少是他做过或能做到的呢？

B 问题其实是一个**诱导性问题**。诱导性问题往往会暴露面试官的意图，此类问题的提问中一般带有个人主观判断，应聘者会根据面试官的期望作答。例如：“我们这里很多时候会加班，你能适应吗？”这样的问题似乎更多在传递信息，而不是一个面试问题！

其实，面试官提问这两类问题是在浪费双方的时间，要记住行为面试法的核心是获取应聘者的场景化行为实例。下面我举例讲述应如何进行正确提问。

理论性/假设问题：

“你认为作为一名讲师应如何设计课程？”

»“过去，你是如何设计一门培训课程的？请举例详细说明。”

诱导性问题：

“处理电话投诉需要很强的客户导向能力和抗压能力，你在处理电话投诉的时候是如何做的？”

» “说说你曾经遇到的较难处理的电话投诉，并描述你是怎么做的，结果如何。”

练习：下列问题是理论性问题或引导性问题，请你对以下问题进行修改。（后附参考答案）

①“你为什么觉得自己擅长解决问题？”

②“你一般是怎样寻找新客户的？”

③“我想刚成为经理，你一定感到很满足吧？”

④“你决定接受减少薪金而不愿调往外地，是很难做出的决定吧？”

参考答案：

①“你为什么觉得自己擅长解决问题？”

“请举例说明你是如何解决一个难题的。”

②“你一般是怎样寻找新客户的？”

“请举例说明你一般是如何寻找新客户的。”

③“我想刚成为经理，你一定感到很满足吧？”

“作为新的经理，能举例告诉我你最喜欢/讨厌的是哪些工作吗？”

④“你决定接受减少薪金而不愿调往外地，是很难做出的决定吧？”

“今年内你难以做出的决定是什么？”

面试的收尾与互动

当你完成所有行为面试问题后，就进入了“收尾与互动”流程。

很多时候，面试官通过前面的流程，已经对应聘者的情况有了一定的了解，在最后的时候可能会草草收尾，继而开始进入面试决策环节。事实上，不少面试官前面做了很多准备，面试的过程也很顺畅，本以为做了一场完美的面试，却最后因没有进行好的收尾，而使之前所有的付出大打折扣。

我们需要认识到面试不是单向的，而是双向的。面试官在面试应聘者的时候，应聘者同时也在通过面试官的表现衡量公司。

面试的前两个流程——面试开场白、行为实例的获取，实际上主要是面试官在考核应聘者，这部分面试官占主导地位。经过面试官对应聘者一系列的提问，对应聘者有一定了解后，就轮到应聘者就自己对公司、岗位、面试结果，以及薪酬、工作氛围等向面试官进行提问了。

如果面试官对应聘者的提问回答得很敷衍，甚至完全没有给应聘者提问的机会，那么应聘者可能会觉得自己辛辛苦苦跑来面试，却什么信息也没有从面试官这里获得，既浪费了时间，也没有受到应有的尊重，从而对整个公司的印象非常差。正如我们前面所讲的，面试官代表的不仅是自己，更是公司对外的形象。

此外，有的面试官虽然给应聘者留出了提问时间，但是对于应聘者的提问他们回答得并不完善。很可能，应聘者会因为面试官的表现而选择放弃这个公司的岗位，从而公司也会错失一个人才。

做好面试收尾与互动，为整个面试流程画上一个圆满的句号，是每个面试官一定不要忽视的。

那么，我们应该如何进行面试的收尾与互动呢？面试的收尾与互动如图 5.5 所示。

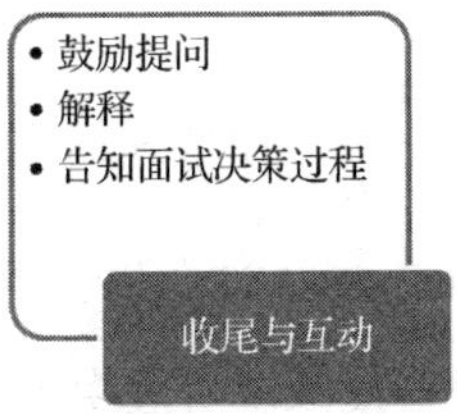

图 5.5　面试的收尾与互动

面试的收尾与互动主要分为三步：鼓励提问、解释和告知面试决策过程。

1．鼓励提问

在面试的最后，面试官需要留出时间供应聘者提问，并鼓励应聘者问更多的问题。

记得有一次，我被邀请给大学生做一个关于如何应对面试的培训。我当时提出：“通常在面试结束的时候，面试官会留给应聘者足够的时间进行提问，应聘者需要抓住这个机会。虽然应聘者最后问什么问题，多数情况下并不能决定面试官是否录用他，但应聘者问的问题的质量，确实会影响面试官对他的判断。因此，到了提问环节应聘者一定不要说没有问题，要问几个有质量的问题，给面试官留下深刻的印象，这样能够增加被录用的概率。”

反过来，这里需要注意的是：很多时候，面试官可以根据应聘者的提问点或者提问问题的多少，帮助自己判断其对岗位的感兴趣程度、求职目的、性格特征等。

每次面试结束时，我通常会习惯性地问应聘者：“你有什么问题要问的吗？”当我得到的回答很简短——“我没有任何问题”时，我会担心应聘者对这个岗位的感兴趣程度或现阶段换工作的意愿是否很强。试想，当一个人找新机会、新工作或者准备进入新行业时，没有任何问题是不正常的。

在我以往的面试经历中，应聘者通常会提以下三类问题。

A 类问题

应聘者会就无法从公开资料中获取的公司或部门的经营管理情况类问题进行提问。例如，公司的业务壁垒和核心竞争力是什么？公司的业绩怎么样？公司（非上市公司）的盈利能力怎么样？公司的市场份额怎么样？公司当前最大的痛点是什么？公司在 1～3 年内最大的目标是什么？

提 A 类问题的应聘者，通常有结果思维、成果导向理念，并有一定的格局和高度。可以说，他不是站在具体岗位的小视角来看待问题的，而是站在整个公司的大视角来看待问题的。

B 类问题

B 类问题比 A 类问题相对小一些，应聘者会就无法从公开资料中获取的公司或部门的日常工作类问题进行提问。例如，该岗位的具体职责有哪些？该岗位平时的工作内容是什么？该部门/团队一共有多少人？主要的上级是谁？下属的人数有多少？日常工作开展时会遇到哪些疑难问题？

B 类问题是应聘者最常想到的。我们可以从问题中看出，他们比较关注岗位具体的工作内容。他们可能不会像提 A 类问题的人那样成为比较好的“将军”，但可能会成为很好的“匠人”。B 类问题与实际工作密切相关，这说明应聘者比较关注上岗后工作的开展情况，并愿意承受上岗后的工作强度与压力等。

C 类问题

C 类问题通常是与工作中的鸡毛蒜皮问题相关的。例如，上下班是什么时间？公司中有没有 Wi-Fi？公司中有没有食堂？食堂距离工作地点远不远？

此外，还有一些能够从公开资料中获取答案的问题，如公司的主营业务、公司的业务范围是什么等。

提 C 类问题的应聘者会给人一种没有提前做功课，对本次面试不太重视的感觉。另外，提太琐碎问题的应聘者通常会给面试官一种“小家子气”的感觉，从而让面试官觉得他娇生惯养、不愿吃苦、离职的概率比较高。

综上所述，面试官通过应聘者提的问题，可以对应聘者有一个判断。这是一项最基础的分析，面试官不能对此一概而论，也不要以惯性思维做判断。实际上，在很多情况下，应聘者不单单就一类问题进行提问，他们会同时提两类或者三类问题。这时候，我们还可以从另外一个角度来评判、分析。

如果应聘者提 A 类问题，没有继续提 B 类问题，那么这时我们需要特别留意其求职意愿，因为 A 类问题展示了应聘者大的格局和高度，如果他对于这个岗位特别在意，那么应该会继续提与这个岗位的具体内容有关的问题，这是一个比较合理的逻辑链，同时也能反映出应聘者的成熟度，所以仅提 A 类问题而不提 B 类问题的应聘者，其对于这个岗位的兴趣可能并不大。

当然，应聘者如果对 B 类问题问得过于详细，也未必是件好事。根据我的经验，有较大比例放弃 Offer 的应聘者，都是对 A 类问题了解后，又对 B 类问题问得非常详细，并且还会切入 C 类问题。后来我发现，这类应聘者也许现在的工作都不错，他们往往需要更多的信息来比较并确认换一份工作是否是正确的选择。除我们需要预判这类应聘者会有不接受 Offer 或接受了 Offer 不来上岗的风险外，这类应聘者一般思维非常缜密，如果这个岗位需要做一些冒险的事或应对不确定性因素，那么我们也需要着重评估应聘者这个维度。

当然，对于只问 C 类问题的人，我们也不能戴着“有色眼镜”来看待，因为岗位高度的不同，对应聘者的要求是不同的。试想一下，我们需要一个非常稳定的人来从事一个初级岗位工作，但是应聘者特别关注“大的格局”，那么这对我们来说未必是件好事，如果录用这样的人，那么很可能会对未来员工的管理和稳定性带来不确定性因素。

记得我的公司处于创业初期的时候，我面试了很多有潜力的年轻人，因为处于创业初期的公司有很多地方需要完善，我希望应聘者能和我一起战胜创业初期的困难，有颗“大心脏”。在众多应聘者中，聚焦 C 类问题的人，大多数都畏惧不确定性因素。在面试的众多人中有一个年轻女士打动了我，她关注的问题是：“你为什么要创业，能和我分享一下吗，你害怕失败吗？”也许这可以归为 D 类问题，即关于面试官自身背景的问题。应聘者通过“评价面试官”来获取足够的信息，来帮助其判断。聚焦此类问题的应聘者不关注岗位或待遇的细节，而更多关注这个未来的领导是否可以跟随……他们通常喜欢“冒险”，有比较大的成就动机，再结合她描述的其他行为实例，我认为她具备“不畏惧”的行为特质，十分适合创业团队，最终这个应聘者一直陪伴我创业至今。

虽然我们无法只根据应聘者的提问来对其进行判断和总结，但是我们可以以岗位的“高度”（岗位在组织中的位置，如战略岗、管理岗、普通岗及有特殊要求的岗位等）为出发点，通过应聘者关注的问题来辅助我们做判断。作为面试官，通过应聘者的提问你可能会有意想不到的收获！

2. 解释

针对应聘者提出的问题，面试官要给予回复、解释，尽量做到让应聘者满意，使他们得到自己想要的答复。

实际上，有的面试官对于应聘者提出的问题，并不一定能完全答复，一方面由于其对公司及招聘岗位不是很了解，另一方面由于其自身没有做好准备工作。如果你之前在面试中有过这样的经历，日后要注意多做准备，提前预估应聘者会提什么样的问题，并认真思考作为面试官，这样的问题你应该如何答复。

针对应聘者经常提问的问题（前面所讲的A、B、C类问题），我们应提前做好准备。

A类问题：关于公司或部门的经营管理情况类问题。

问：公司的业务壁垒和核心竞争力是什么？

答：

问：公司的业绩怎么样？

答：

问：公司（非上市公司）的盈利能力怎么样？

答：

问：公司的市场份额怎么样？

答：

问：公司当前最大的痛点是什么？

答：

问：公司在 1～3 年内最大的目标是什么？

答：

B 类问题：关于公司或部门的日常工作类问题。

问：应聘岗位的具体职责有哪些？

答：

问：该岗位平时的工作内容是什么？

答：

问：该部门/团队一共有多少人？

答：

问：主要的上级是谁？

答：

问：下属的人数有多少？

答：

C 类问题：关于工作中的鸡毛蒜皮问题。

问：上下班是什么时间？

答：

问：公司有没有食堂？

答：

问：食堂距离工作地点远不远？

答：

B 类问题和 C 类问题是公司每个员工都熟悉的事情，面试官如实回答即可。

3．告知面试决策过程

面试的最后一步，也是应聘者最关心的内容——“什么时候能知道面试结果”。我个人建议，在面试前企业就要制定好岗位的面试决策过程，这样更能显示出企业的专业，并将其如实告知应聘者。另外，我们需要遵循一个原则：**用合适的方式，让应聘者知道自己的面试结果，还要让他感受到企业的真诚和尊重！**

例如：“非常感谢您前来面试，我们会先对应聘者进行综合评价，并给予您及时、准确的反馈，我们会在一周内以电话或邮件形式通知您面试结果。”当然，岗位层级不同，企业所采取的告知方式也是不同的。在招聘时，给予应聘者好的面试体验是非常重要的。

在面试结束后，对人才的反馈也有相应的技巧值得招聘人员学习。据调查，对于好消息，77%的职场人士希望通过电话得知；对于坏消息，65%的职场人士希望通过电子邮件得知。此外，高达 94%的人才希望在面试后能得到反馈，但实际上只有 41%的人才曾经得到过反馈，人才所期望的与企业实际执行之间的差距很大。无论应聘者最终能否入职，企业相关人员都应在面试后为其提供反馈，让应聘者得到良好的面试体验，这样也有利于提高企业的美誉度。

通常情况下，好的面试结果通过电话通知，包括下一轮面试时间、发送 Offer、入职流程介绍等；不好的面试结果通过邮件通知，给予对方基本的尊重，并且表达歉意。我们可以先从公司说起，如我们公司现阶段这个职位可能不太适合您，或者公司从多方面考虑有了更好的人选等。此外，我不建议面试官本人去执行这个流程，可以让其他参与招聘的人员负责。下面为某公司求职感谢邮件，供大家参考。

××公司求职感谢邮件

×××先生：

您好！

非常感谢您应聘我公司的职位，您给我们留下了深刻的印象。但是非常抱歉，目前我公司已有更适合这个职位的人选了。

祝您早日找到满意的工作。

再次感谢您的关注！

××公司人力资源部

××××年××月××日

曾有人力资源从业者问我是否需要与应聘者保持更紧密的联系，如添加微信好友或留下其他私人联系方式。其实工作之外，才是朋友。对方想跟面试官保持更多的接触是因为专业的面试官和良好的面试体验已经为你赢得了额外的“信任”和“口碑”。

面试时间安排，体现面试专业度

关于面试时间的安排，我准备了一个建议标准供大家参考（见图 5.6）。我认为，面试的时间以 45～90 分钟为宜，尤其要注意两点：面试时间不要太短；面试时间不要太长。

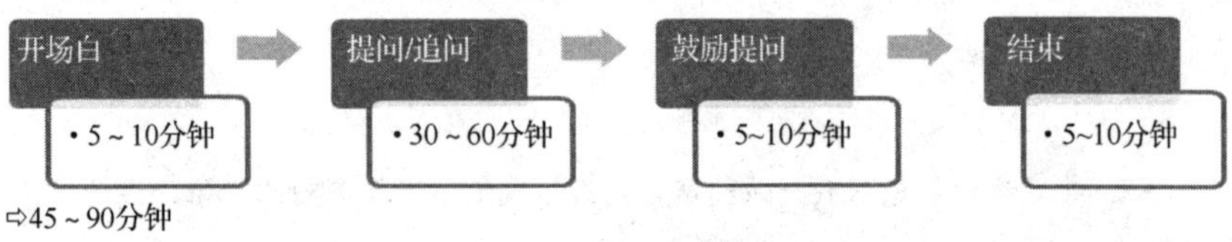

图 5.6　面试时间安排

我们先来看看下面李先生面试的案例。

场景 D

李先生去 *B* 公司应聘时，他经历了以下几轮面试。

第一轮面试

到了招聘室，李先生发现面试候场区已经坐满了前来参加面试的人，大概有 *30* 人，然后招聘人员给前来参加面试的人每人发了一张试卷，开始进行笔试。李先生花了 *20* 分钟时间就完成了试卷，然后他把试卷交给了招聘人员。那个招聘人员对李先生说：“好的，你回去等通知吧！”李先生听到这句话很沮丧，他从家里到 *B* 公司花费了 *2* 个小时的时间，而第一轮面试仅 *20* 分钟就结束了。李先生只能压抑着自己的情绪，悻悻地回家了。

第二轮面试

李先生回到家第二天就接到 *B* 公司招聘人员打来的电话，通知他参加第二轮面试。那一天，李先生依旧经过一样的路程准时来参加面试。等候面试的人和第一次人数差不多。等了大约半小时，一个招聘人员把李先生叫到面试室开始面试。在面试过程中，李先生花 *1* 分钟时间简单地介绍了一下自己，然后招聘人员点了点头，问他：“你为什么申请这个岗位，你的优势是什么？”李先生大概用了 *30* 秒钟回答了这个问题，接着招聘人员让他回去等通知。整个面试过程甚至都没有超过 *3* 分钟，李先生连问问题的机会都没有。当时，李先生以为自己发挥得不好，对方不看好，不想在自己身上浪费时间，就什么也没说，垂头丧气地回家了。

第三轮面试

出人意料的是，李先生回到家的第二天，又接到了B公司招聘人员的电话，让他参加最后一轮面试，即第三轮面试。李先生觉得前面两轮面试时间太短了，没有必要这样一次次来，每次去面试还要在路上花费2个小时的时间。实际上，三轮面试完全可以在一天内完成。基于此，李先生直接和B公司招聘人员说："不好意思，我不想去你们公司参加面试了，谢谢！"

对于上面的案例中提到的面试方式，我相信面试官不是有意为之，也许这就是B公司面试官的招聘习惯。需要注意的是，我们应该重视每次面试，重视每次面试的量化方式之一就是多安排一点面试时间。我的建议是，无论有任何理由，一场面试的时间请不要少于25分钟！我认为一场面试合理的时间安排应该为45～90分钟，如果需要笔试或其他测评，那么请提前告知！如果企业需要快速选拔人才，那么可以选择电话面试或视频面试。

我曾遇到过一位部门经理，他是一位非常有经验的技术专家，他对应聘者非常挑剔，我当时最大的压力就是帮助他完成招聘任务。有一天，我遇到一个有良好背景的应聘者，在完成面试后，就赶紧推荐给他。我们的会议室是透明的，这位部门经理对筛选出的应聘者的面试从下午

2 点开始，当我 3 点半去看时，发现他们二人把透明玻璃墙当白板，画得密密麻麻，我心里甚是欣慰，感觉这个应聘者“有戏”。最后，整场面试直到 6 点才结束，然而结果让我非常吃惊——这位技术经理对我说：“这个应聘者不合适。”当时，我的脑子一片空白……

一场面试真的有必要进行那么长时间吗？其实，一场面试具有合适的问题、恰当的追问，能确保得到应聘者的行为实例就满足基本要求了。此外，我们在进行面试准备时，可以提前确定是否需要额外的技术、性格及能力测试等，这有助于我们合理安排时间。另外，面谈部分的大致时间我们是可以预估的（依据所准备的面试题目推算）。如果采取耗费精力的持久战就是在浪费双方的时间。

此外，面试时间不要太长也指面试的轮次不要太多（整个面试时间不要拉得太长）。如果是招聘某些重要的高层岗位，那么请务必在面试前确定需要的面试时间并提前告诉应聘者！

领英曾指出了对人才而言，在求职过程中什么事情最令人失望。

“招聘就像闪婚一样，和对方匆匆见几面就结婚了。我希望能上岗几天试试，这样才能真正确定这份工作是否适合自己。”

“招聘人员套话连篇，轻易许诺，结果下午 6 点后才给我打电话。”

“许多地方不够透明。事先提供更多信息，能让双方节约大量时间。”

“没有受到重视让我很失望。给我介绍工作前，希望招聘人员能够理解我的专长和求职期望。”

“招聘过程太漫长了！能加快进程就好了。”

……

你有过这样的经历或感受吗？是作为应聘者还是面试官呢？

著名心理学家卡耐基在其著作《如何赢得朋友》中总结了六条给人留下良好印象的途径：真诚地对别人感兴趣；微笑；多提别人的名字；做一个耐心的倾听者，鼓励别人谈他自己；谈符合别人兴趣的话题；以真诚的方式让别人感到他自己很重要。其实，卡耐基提到的六种途径中的每一条都能量化到本章讲到的内容中，不是吗？

测试：你是个专业的面试官吗？

回答下列问题，你的答案越肯定，你身为面试官的专业程度越高，反之则越低。在回答问题的过程中，如果有哪一个问题你的答案否定程度非常高，则说明你需要在这一部分多花费时间和精力来提高自己。

1. 如果你面试会迟到，你会亲自提前通知应聘者吗？

2. 你会进行面试开场白吗？

•告诉应聘者你是谁

•介绍公司的面试流程

•介绍面试的轮次与顺序

•介绍本次面试的时间

•介绍本次面试的内容安排

•介绍其他需要互动或告知的内容

3. 你会带着问题去面试吗?

4. 你会准备关于能力的开放性问题吗?

5. 你会将 STAR 法则作为追问的依据吗?

6. 你会进行面试的收尾吗?

•鼓励应聘者提问

•解释应聘者的问题

•告诉应聘者面试决策流程

7. 你重视每一次面试吗?

8. 你尊重每一个位应聘者吗?

第六章

Chapter ★ 06

面试后，你做对决策了吗

» 技能评定，谁是合格的应聘者

» 活用面试评估表，应聘者的全面评估

» 做对决策，让招聘体现价值

» 好的直觉，让招聘决策获得升华

我们在进行面试决策时，不能仅凭借面试时应聘者给我们留下的印象或者自己的主观意见，就草率决定是否录用某位应聘者。只有经过系统、客观和科学的评定，面试官才能做出正确的决策，进而为企业选出合格的人才。

技能评定，谁是合格的应聘者

作为企业的代表，面试官不仅负责制定面试的规则、引导面试的进程，还掌握着最终的话语权。

通常情况下，面试官在进行了面试实战后，接下来就需要进行面试决策了。

进行面试决策，是为企业选择优秀人才很重要的一个环节。有的时候，面试官在对应聘者进行面试决策时会不自觉地陷入一系列知觉误区，由此做出错误的判断，这样会严重影响企业人才选拔的结果。

比如，面试官在了解应聘者的过程中，可能会被他的某种突出的特点所吸引，以至于忽略其别的特点或品质，从而做出片面的判断。某种突出的特点多为外貌、仪表、谈吐，漂亮的姑娘、英俊的小伙子往往会赢得较高的印象分。面试官对应聘者的某种印象很可能会延续到面试决策中来，导致面试官只注重应聘者某种突出的特点，而忽视应聘者的其他特质，因而往往会做出错误的决策。

有的时候，面试官也会以偏概全。比如，在外资企业工作的一个基本条件就是能够熟练地使用英语。因此，有的面试官就会重点考察应聘者的语言能力，并在做面试决策时将这部分看成关键因素。实际上，在外资企业工作，语言能力虽然是基础能力，但语言只是一个交流工具而己，它与人的素质和技能并无直接关系，经过培训和锻炼，语言能力是可以得到提高的。对很多企业来讲，招聘岗位的专业能力才是最重要的。我在前面讲过面试官在面试之前要做好准备工作，其中就提到了明确岗位标准。这一点，我们在进行面试决策时，同样要严格进行比对和评判。

此外，还有一些面试官习惯性地把别人假想成和自己一样的人，认为自己有的特质别人也有。如果面试官自己喜欢具有挑战性的工作，那么他可能无形中把应聘者也看作和自己一样喜欢具有挑战性的工作。最终往往会导致很多需要在面试过程中验证和考察的项目都被面试官的假想所覆盖，从而简单判断应聘者合格或者不合格。

以上（还有一些上面没有提到）是面试官在做面试决策时容易出现的知觉误区，这是非常危险的。凭主观臆想做的面试决策大多数是错误的、失败的。作为一名面试官，我们一定要避免犯类似错误。我们在进行面试决策时，不能仅凭借面试时应聘者给我们留下的印象或者自己的主观意见，就草率决定是否录用某位应聘者。只有经过系统、客观和科学的评定，面试官才能做出正确的决策，进而为企业选出合格的人才。

进行面试决策，主要分为三个步骤：**进行技能评定、面试评估、做出决策**。在本节中，我主要介绍进行技能评定。

行为面试法是以岗位为中心开展的面试评估活动，我们首先需要系统认知待招聘的岗位。前面我们学习了通过岗位分析来了解岗位“如何取得成功”，进而明确岗位的专业胜任力和通用胜任力，并设计有针对性的行为面试题目，这也构成了我们面试考评的维度。面试的目的在于获取应聘者的行为实例，那对于不同应聘者的回答，我们应如何进行评判、打分，并确认谁是合适的人才呢？这里，我们就需要进行技能评定。

什么是技能评定呢？

技能评定就是设定评定的标尺来比较应聘者的技能在多大的程度上与岗位需要的技能吻合，从而帮助面试官做出面试决策。

通过岗位分析，我们能够用行为语言来描述需要面试的维度，即能力点，如“计划能力”。

计划能力的行为描述:“全面、准确地观察任务或项目的深度和难度，设定目标，将工作分解成不同的流程步骤，合理配置资源，制订工作计划及有效的异常处理措施，合理安排工作，根据工作出现的问题进行少量的调整，使最终结果和计划一致。”

在此，我要补充一个新的定义：极端行为特征描述。

什么是极端行为特征描述呢？

极端行为特征描述就是在确定行为描述的基础上加上低分特征与高分特征，并将两者区分且进行对应。例如，开放心态是一个岗位的能力点，如果我们用极端行为特征描述（即用行为语言分别描述“低分特征行为”和“高分特征行为”），就对同一维度应聘者不同行为的表现进行了区分，并提供了必要的行为描述以作为评判依据，进而帮助我们理解哪些行为是“最差的”与哪些行为是“最好的”（见表 6.1）。

表 6.1 “开放心态”的极端行为特征描述

能　力　点	低分特征行为描述	高分特征行为描述
开放心态	不能主动倾听他人的意见和看法，不能努力营造氛围去获取和分享他人的见解，很少不带任何成见地与他人合作	经常主动倾听他人的意见和看法，总能努力营造氛围去获取和分享他人的见解，总是不带任何成见地与他人合作

那我们应如何进行极端行为特征描述呢？

这里有个非常简单的方法，我把它称为“**程度副词法**”，就是在我们之前已经准备好的行为描述前加上程度副词。程度副词是对形容词或者副词在程度上加以限定或修饰的副词。程度副词一般位于被修饰的形容词或副词之前。在汉语中，“很”“非常”“相当”“一点”“明显地”等都是程度副词。我们来看一下“时间管理”的例子，时间管理的行为描述是确定的且只有一个，但是如果加上程度副词，我们就能清楚地区分应聘者“最差的”与“最好的”行为特征了（见表 6.2）。

表 6.2 “时间管理”的极端行为特征描述

	低分特征行为描述	高分特征行为描述
程度副词	很少、从不	总是、不断
时间管理	很少关注个人的时间分配，从不学习时间管理方法，从不培养个人良好的时间管理技术，更不要说用其指导实践，严格遵照执行了	总是关注个人的时间分配，不断学习时间管理方法，培养个人良好的时间管理技术，并用其指导实践，严格遵照执行

如果一个人“很少关注个人的时间分配，从不学习时间管理方法，从不培养个人良好的时间管理技术，更不要说用其指导实践，严格遵照

执行了”，我们就可以认为这个人的时间管理能力很差；如果一个人“总是关注个人的时间分配，不断学习时间管理方法，培养个人良好的时间管理技术，并用其指导实践，严格遵照执行”，我们就可以认为这个人的时间管理能力很强。

那么，我们应如何对不同的应聘者进行科学的比较和打分，也就是所谓的技能评定打分呢？我们可以参考表 6.3 所示的“计划能力”技能评定打分表。

表 6.3　“计划能力”技能评定打分表

刻度描述	非常明显不具备该技能	明显不具备该技能	基本具备该技能	明显具备该技能	非常明显具备该技能
打分选择	1	2	3	4	5
行为定义	全面、准确地观察任务或项目的深度和难度，设定目标，将工作分解成不同的流程步骤，合理配置资源，制订工作计划及有效的异常处理措施，合理安排工作，根据工作出现的问题进行少量的调整，使最终结果和计划一致				
极端行为特征描述	• 不能全面、准确地观察任务或项目的深度和难度，设定目标，将工作分解成不同的流程步骤 • 不能合理配置资源，制订工作计划及有效的异常处理措施，合理安排工作 • 不能根据工作出现的问题进行少量的调整，使最终结果和计划一致		• 大多数情况下，能全面、准确地观察任务或项目的深度和难度，设定目标，将工作分解成不同的流程步骤 • 大多数情况下，能合理配置资源，制订工作计划及有效的异常处理措施，合理安排工作 • 时常能根据工作出现的问题进行少量的调整，使最终结果和计划一致	• 总是能全面、准确地观察任务或项目的深度和难度，设定目标，将工作分解成不同的流程步骤 • 总是能合理配置资源，制订工作计划及有效的异常处理措施，合理安排工作 • 总是能根据工作出现的问题进行少量的调整，使最终结果和计划一致	

技能评定打分表一般包括以下两个部分。

» **指标，即打分的量化行为依据。**

如果应聘者表现出以下描述的行为，那么我们可以认为应聘者**基本具备该技能。**

“**大多数**情况下，能全面、准确地观察任务或项目的深度和难度，设定目标，将工作分解成不同的流程步骤。”

“**大多数**情况下，能合理配置资源，制订工作计划及有效的异常处理措施，合理安排工作。”

“**时常**能根据工作出现的问题进行少量的调整，使最终结果和计划一致。”

» **尺度，即量化行为描述所体现的各种能力的等级的刻度。**

如表 6.3 所示，“非常明显不具备该技能”对应的刻度是 1，“基本具备该技能”对应的刻度是 3，“非常明显具备该技能”对应的刻度是 5。尺度一般有两种表示方式：一种是定量，也就是用分数来表示；另一种是定性，如用“优、良、中、差”来表示，或者用（表 6.3 中的）“非常明显具备该技能”“基本具备该技能”“非常明显不具备该技能”等来表示。通常在面试中，我建议采用定量的方式，因为这种方式更便于统计结果和比较。

有了技能评定打分表，我们就可以对应聘者的某项技能进行打分了，还可以将应聘者与其他应聘者进行横向比较，得出该技能的面试结果，为企业选出合格的人才。

活用面试评估表，应聘者的全面评估

我们对应聘者进行的技能评定主要是针对岗位技能的评定，只是面试评估的一个方面，技能评定不能作为影响面试决策的全部因素。实际上，我们在做面试决策（或者做决策前的面试评估）时，要综合考量应聘者的各种因素。

通常，我们会通过填写**面试评估表**，将行为面试过程中所获得的信息展现出来，再综合衡量判定。

面试评估表能够恰当地完整反映面试官对应聘者的评价，同时能使没有参与面试的人通过面试评估表中的评分和评语基本了解面试的过程和结果，而且面试评估表能展现出应聘者的各方面信息。

面试评估表的内容主要包括应聘者的基本信息、应聘岗位、面试岗位考核的标准、公司考核的标准、各项得分、面试总得分、面试评语、面试官签名及日期等。我个人建议，面试评估表的内容尽量不超过 2 张 A4 纸。

我曾遇到过一位德国公司负责人，他特别严谨，平时非常重视做事的流程和细节。他对面试极其重视，亲自编制了面试评估表（见表 6.4），设计了自己对人才的考核标准，以 1～5 分来衡量（1 分是最低分，5 分是最高分），同时设定了权重，规定了应聘者需要达到多少总分才能被录用……这样的面试评估表无形中给面试官带来了巨大的压力，因为他们需要去计算分数值，从而使面试的打分最终变成了应付公司负责人（也就是我们常说的“形式主义”）。更严重的后果是，很多用人经理不敢给予有潜力的应聘者 Offer，因为他们的总分没有达标。

表 6.4　某公司的面试评估表

<table>
<tr><td>申请人：</td><td colspan="7">应聘岗位：</td></tr>
<tr><td>面试人：</td><td colspan="7">面试日期：</td></tr>
<tr><td rowspan="3">评估指标</td><td rowspan="3">比重</td><td colspan="5">打分（√）</td><td rowspan="3">评语</td></tr>
<tr><td>1</td><td>2</td><td>3</td><td>4</td><td>5</td></tr>
<tr><td colspan="5">1=低　3=及格　5=高</td></tr>
<tr><td>印象：面部表情、姿态、性情、衣着等</td><td>5%</td><td></td><td></td><td></td><td></td><td></td><td></td></tr>
<tr><td>态度：对工作和生活的态度，以及在本公司初始阶段的适应力</td><td>10%</td><td></td><td></td><td></td><td></td><td></td><td></td></tr>
<tr><td>教育程度：学历及培训经历</td><td>10%</td><td></td><td></td><td></td><td></td><td></td><td></td></tr>
<tr><td>工作经验：本专业工作的经验及具体工作内容与岗位要求的符合程度</td><td>25%</td><td></td><td></td><td></td><td></td><td></td><td></td></tr>
<tr><td>软件应用能力：工作所需的软件运用技能</td><td>10%</td><td></td><td></td><td></td><td></td><td></td><td></td></tr>
<tr><td>语言应用能力：中文表达是否清晰、英语的听说读写能力</td><td>10%</td><td></td><td></td><td></td><td></td><td></td><td></td></tr>
<tr><td>职位相关的技能和知识：技能包括演讲技巧、领导能力、团队合作和沟通能力及与岗位相关的专业技能；知识包括专业技术、质量体系、人员管理等</td><td>20%</td><td></td><td></td><td></td><td></td><td></td><td></td></tr>
<tr><td>个性品质：价值观、人生观与公司文化的契合程度，是否诚实，性格是否适合本岗位工作</td><td>10%</td><td></td><td></td><td></td><td></td><td></td><td></td></tr>
</table>

续表

总分 （总分低于15分者不予录用）	
初面评估	
你是否建议录用	□ 是　　□ 否 若是：________ 首选　________ 候补 签名：　　日期：
复试评估	
你是否建议录用	□ 是　　□ 否 若是：________ 首选　________ 候补 签名：　　日期：
录用跟进（人力资源部）	意见： □ 建议录用 录用部门：　　录用岗位： 试用期薪资（税前）：　　转正薪资（税前）： 报到日期：　　其　他： □ 建议存档　　□ 建议放弃 签名：　　日期：

表 6.4 所示的面试评估表主要有以下两个优点。

第一，面试评估表与公司的招聘流程融为一体，非常清晰。一般情况下，该公司对招聘岗位采取两面终审的面试流程制度，即应聘者与未来的直接上级为初面，与上级的上级为终面，然后流转到人力资源部进入录用流程（确定薪资和入职时间等）。

第二，表 6.4 所示的面试评估表中面试评估记录的时间线非常清晰，特别是其中的两面和人力资源部的跟进，可以快速获取之前面试的信息及面试官对应聘者的评价。

我们再来看一下表 6.5 所示的某岗位面试评估结果。经过面试评估后，五位应聘者谁更合适这个岗位呢？我想真的很难做出决策。如果是批量型面试（如校园招聘），因为数字能排序，能进行末位淘汰，那么决策很容易做出。但作为最后的面试评估，**数字会使每位应聘者的区别不明显！**记得前面提到的那个德国某公司负责人在进行访谈的时候，他告诉我他接触的个别管理者为了录用自己觉得合适的人选，有时候会去篡改评估结果。显而易见，我们不能仅凭数字进行面试决策。面试评估表中的评估分数虽然能帮助我们在做决策时进行回忆，并对多个应聘者进行比较，辅助我们用客观的记录进行判断，但我们不能将其作为全部决策依据。

表 6.5　某岗位面试评估结果

应聘者	能力点						总分
	责任心	执行能力	管理能力	计划能力	组织协调能力	监督能力	
应聘者 A	5	5	5	5	1	5	26
应聘者 B	4	4	4	4	4	3	23
应聘者 C	5	4	3	4	2	3	21
应聘者 D	4	3	5	5	3	5	25
应聘者 E	5	4	3	2	3	1	18

注：评分标准为“非常明显不具备该技能”—1 分；“明显不具备该技能”—2 分；“基本具备该技能”—3 分；“明显具备该技能”—4 分；“非常明显具备该技能”—5 分；

经过分析我们可以得出，表 6.4 所示的某公司的面试评估表有以下不足之处。

第一，各维度权重的设置过于复杂，对于决策的帮助不大。

第二，面试评估的重点是该岗位的能力点，应尽量避免加入除能力点之外的内容，可对于能力点该表未详细涉及。

我结合上面两个面试评估表好的地方，在此基础上进行了微调，制作出一份基于行为面试法的面试评估表（见表 6.6）。在基于行为面试法的面试评估表中留出了应聘岗位的通用能力和专业能力，因为各个岗位需要考核的能力点不尽相同。

表 6.6　基于行为面试法的面试评估表

<table>
<tr><td colspan="3">申请人:</td><td colspan="4">应聘岗位:</td></tr>
<tr><td colspan="3">面试人:</td><td colspan="4">面试日期:</td></tr>
<tr><td colspan="2" rowspan="2">评分标准</td><td>非常明显不具备该技能</td><td>明显不具备该技能</td><td>基本具备该技能</td><td>明显具备该技能</td><td>非常明显具备该技能</td></tr>
<tr><td>1</td><td>2</td><td>3</td><td>4</td><td>5</td></tr>
<tr><td rowspan="5">通用能力</td><td>1.</td><td></td><td></td><td></td><td></td><td></td></tr>
<tr><td>2.</td><td></td><td></td><td></td><td></td><td></td></tr>
<tr><td>3.</td><td></td><td></td><td></td><td></td><td></td></tr>
<tr><td>4.</td><td></td><td></td><td></td><td></td><td></td></tr>
<tr><td>5.</td><td></td><td></td><td></td><td></td><td></td></tr>
<tr><td rowspan="5">专业能力</td><td>1.</td><td></td><td></td><td></td><td></td><td></td></tr>
<tr><td>2.</td><td></td><td></td><td></td><td></td><td></td></tr>
<tr><td>3.</td><td></td><td></td><td></td><td></td><td></td></tr>
<tr><td>4.</td><td></td><td></td><td></td><td></td><td></td></tr>
<tr><td>5.</td><td></td><td></td><td></td><td></td><td></td></tr>
</table>

续表

<table>
<tr><td rowspan="2">评分标准</td><td>非常明显不具备该技能</td><td>明显不具备该技能</td><td>基本具备该技能</td><td>明显具备该技能</td><td>非常明显具备该技能</td></tr>
<tr><td>1</td><td>2</td><td>3</td><td>4</td><td>5</td></tr>
<tr><td>初面评估</td><td colspan="5"></td></tr>
<tr><td>你是否建议录用</td><td colspan="5">□ 是　　□ 否
若是：________ 首选　________ 候补
签名：　　日期：</td></tr>
<tr><td>复试评估</td><td colspan="5"></td></tr>
<tr><td>你是否建议录用</td><td colspan="5">□ 是　　□ 否
若是：________ 首选　________ 候补
签名：　　日期：</td></tr>
<tr><td>录用跟进（人力资源部）</td><td colspan="5">意见：
□ 建议录用
录用部门：　　录用岗位：
试用期薪资（税前）：　　转正薪资（税前）：
报到日期：　　其　他：
□ 建议存档　　□ 建议放弃
签名：　　日期：</td></tr>
</table>

从表 6.6 中我们可以看出，这个面试评估表可以对应聘者的能力进行评定（表中设定了评定标准），如针对应聘者在面试过程中的表现，我们可以将其评定为“非常明显不具备该技能”“明显不具备该技能”“基本具备该技能”“明显具备该技能”或“非常明显具备该技能”。

最重要的一点是，面试官可以在面试评估表中具体描述应聘者的能力，这一部分我们可以参照前面所讲的技能评定部分填写。对应聘者能力的描述相当于记录了面试过程中应聘者的行为表现，我们可以将其作为复试和录用时的参照，也可以作为其他人（如部门领导、公司负责人等）做决策的依据。

面试评估表不仅可以记录为什么这个应聘者能够通过面试，还可以记录面试官对应聘者的真实看法和建议。“人无完人”，对应聘者存在不足的领域，面试评估表同样可以记录，因为面试的过程也是对应聘者的一次“诊断”，一次完整的面试就是一次对应聘者的全面评估，可以作为应聘者未来入职后培训与发展的参考。在试用期，更可以形成策略，便于我们更好地帮助应聘者在入职后取得成功。如果沟通是应聘者薄弱的领域，当他入职后企业就需要给予其沟通方面的培训或教练的跟进，其上级主管需要特别留意和观察，并给予其必要的辅导。因此，面试官一定要客观、全面地填写面试评估表，千万不要敷衍了事。

做对决策，让招聘体现价值

在完成面试评估后，就到做决策的时刻了。

如何才能正确做出面试决策呢？

首先要认真阅读、比对自己做的记录。

在本书前面，我提到过首因效应，即在大多数招聘中，应聘者与面试官是初次见面，对彼此的了解十分有限，因此应聘者的穿着、外貌、谈吐等外在特点往往会成为影响面试结果的关键因素，也就是“先入为主”带来的效果。此时，通过运用行为面试法能帮助我们提升面试的准确率。但是，在做面试决策时，我们容易犯的错误正好与招聘时容易犯的错误相反。

与首因效应相对的是近因效应，近因效应是指最新出现的刺激物促使印象形成的心理效果。1957 年，近因效应由心理学家卢钦斯根据实验首次提出。实验证明，在有两个或两个以上意义不同的刺激物依次出现的场合，印象形成的决定因素是后来新出现的刺激物。例如，在介绍一个人时，前面先讲他的优点，但是接着讲了许多他的缺点，那么后面的话对人们对这个人印象的形成产生的效果就属于近因效应。

心理学家卢钦斯曾做过这样的实验。他分别向两组被试者介绍一个人的性格特点。他对甲组被试者先介绍这个人的外倾特点，然后介绍这个人的内倾特点；对乙组被试者则相反，他先介绍这个人的内倾特点，然后介绍这个人的外倾特点。最后，卢钦斯考究了这两组被试者对这个人形成的印象，结果与首因效应相同。后来，卢钦斯把上述实验方式加以改变，在向两组被试者介绍完第一部分后，插入其他作业，如做一些数字演算、听历史故事之类不相干的事，之后再介绍第二部分。实验结果表明，两组被试者都是对第二部分内容的印象深刻，此时近因效应明显。

在心理学的领域中还有一个概念，叫作**易得性直觉**。易得性直觉是指如果能够根据映入头脑的现成例证（记忆中现成可得的）做出回答，我们就会假定该事件是经常发生的，并运用这一认知规则进行判断。简而言之，就是人们总是倾向于运用自己熟悉或者容易提取的信息来对某事做出决策。

例如，在校园招聘的面试中，如果一位应聘者讲到如何通过自己的努力考过英语六级，那么只要听到英语六级这几个字，面试官可能就对这个事件的难易程度、应聘者的水平等进行了定性，因为通常面试官对通过英语六级的难度很清楚。

在面试中，如果应聘者的回答是我们意想不到的案例，我们应如何做出决策呢？在《警惕影响面试决策的两个惯性思维》一文中，作者提出："理性的反应是分析事件的复杂程度，分析事件对应聘者的难易程度，分析应聘者做出的努力程度，分析事件发生的实效性等。如果在面试中和面试后的讨论、回溯阶段，都能严格地这样判断，那么最终得出的结论很可能是准确的。但在需要快速对应聘者做出判断时，我们的大脑可能就会依据经验迅速根据事件发生的频率来推断事件的难易程度了。一些不常见的案例可能会被人们判断为复杂或难度较高，并会根据这个判断提高对应聘者的评价。"

综上所述，个体对时间距离更近的记忆材料记得更清晰，不常见的案例可能会被人们判断为复杂或难度较高，并会根据这个判断提高对应聘者的评价。因此，我们需要在紧张的面试后，认真回顾面试评估表中的记录，纠正可能发生的认知偏差。

认真阅读、比对自己的记录后，再次拿出自己的面试准备。

当我们根据面试评估表做完评估后，也许我们已经有了面试决策，也许我们正为两个应聘者选谁而犹豫，那么此时我们可以通过一些面试前的准备来回顾自己的判断，形成最后的决策。

我们可以思考与回顾以下问题。

» 该岗位的关键任务是什么？一般情况下，关键任务不宜过多，列举三条即可。

» 该岗位任职者为了完成关键任务最需要的胜任力（专业胜任力和通用胜任力）是什么？

» 应聘者是否具备以上能力？

» 应聘者是否有组织所需要的激情来应对未来的挑战？

» 自己是否实事求是提供了该岗位和所在组织的信息（包括正面的和负面的），以便让应聘者自己决定是否从事这份工作？

当我们把以上内容结合对于应聘者面试完整的记录进行比对后，就基本可以做最后的决策了。

如果你将面试记录和面试前的准备比对后，依然无法做出决策，那么我还有个建议：**邀请决策。**

如果招聘的是管理岗，你不能做出决策时，那么你可以找与该部门日常工作联系最紧密的部门领导，甚至公司的高层管理者一起来做决策，这样有助于提高决策的正确率，为企业选出合适的人才。

当然，如果你身处中层或者高层，那么你可以邀请你的下属一起来做决策。

在我刚担任招聘经理的时候，有一天公司负责人让我参与培训经理的面试。当时我感觉非常突然，后来我又陆续参与了几次同等级别的面试。在其中一次面试结束后，HRD（人力资源总监，我当时的直接汇报上级）叫住了我，问我觉得哪个应聘者更合适，那个时候我发现自己的意见对于上级的决策具有一定的影响，当然，最后我们选择的人员非常出色，且比通常情况下能更快融入团队中。若干年后，当我招聘重要的岗位时，我也会让自己的一些下属一起参与面试和决策。实际上，这也是一种领导力艺术的体现。

邀请下属一起参与面试决策有很多好处。例如，团队成员参与决策会让他们感受到领导对自己的信任；对领导来说，他们能听到不同的声音，能帮助自己做决策，提高面试决策的准确率。

需要注意的是，当你采用邀请决策这种方式的时候要注意以下两点。

» 第一，你需要在团队中有足够的权威。

» 第二，你需要有足够的判断力和自信。

因为采用邀请决策这种方式并不是让你依赖他人的意见和判断，而是让你在除做出更好的决策外还能达成其他更有意义的目的！

好的直觉，让招聘决策获得升华

获得过诺贝尔经济学奖的西蒙[①]举过一个例子，阐述直觉和逻辑的不同。当一个人看电视机屏幕时，屏幕上有一个黑点，这个人一眼就能看到黑点的位置，不需要经过逻辑分析；当一个机器人看电视机屏幕时，是需要经过扫描的，这是逻辑的结果。人的直觉可能比逻辑来得更快，有时候在某种特定环境中甚至更有效。

《隐藏的意识》一书的作者约翰·巴奇博士是美国耶鲁大学心理学教授，世界无意识研究领域的佼佼者。这本书是他的首部心理学普及读物。在书中，他揭示了无意识中哪些因素在对我们的思想与行为施加影响，以及这些影响是如何产生的，并介绍了如何运用无意识机制帮助我们达成有意识的目标。约翰·巴奇博士对**“什么时候应该信任直觉？”**这个问题做出了回答，他给出了科学运用“直觉”的八个原则。

» 原则一：如果有时间，对直觉冲动至少做一点有意识的反思。

» 原则二：当没有时间思考时，不要仅跟随直觉，为了小利而冒大风险。

» 原则三：当面对一个复杂决定时，认真对待你的直觉。

---

① 赫伯特·亚历山大·西蒙（Herbert Alexander Simon，1916—2001），美国经济学家、政治学家、认知科学家，1978 年获得诺贝尔经济学奖，1975 年获得图灵奖。

» 原则四：小心你渴望的事物，目标和需求会影响你对现在想要和喜欢的事物的看法。

» 原则五：当我们对不同人种或族群的人最初直觉反应是消极时，应该掐灭它。

» 原则六：在和他人互动之前，不应仅仅依靠对方的容貌或照片做出评价。

» 原则七：你可以相信自己对其他人的直觉，但只能在你看到他们的实际行动之后。

» 原则八：外在吸引力不该是亲密关系中唯一或者主要因素。

我们再来认识一个概念——社会知觉（又称社会认知），即个体对他人、群体及自己的知觉，通俗来讲社会知觉就是对人和社会现象所产生的直觉判断和认识的过程。面试的过程本质是面试官和应聘者社会知觉互动和认识的一个过程。

面试官在面试中，会因为个人的成长背景、喜好和主观意愿等产生知觉偏差。大体而言，我发现大多数面试官倾向于信任自己的直觉，这种比例会随着面试官经验的增加而提高。约翰·巴奇博士发现人类对直觉的信任甚至多于对谨慎思考的信任，这是由于相信直觉与相信感觉的原因是一样的，信息可以轻易地、自然地进入我们的大脑中，我们不需要花费力气去弄明白它们，它们看起来是“真实”的，“就在世界当中”。

从心理学的角度来看，面试官确实会倾向于信任自己的直觉，并且被直觉深深地影响，但在面试中，自己的直觉可以相信吗？

我开设过一门关于行为面试的培训课程，在培训前有机会访谈很多企业的 CEO 或高管，其中我会问一个问题：在以往的面试经历中，大家有多少次面试会凭经验或直觉来面试和决策，且有多少次结果证明自己的“选择是正确的”或者“选择是错误的”？

我发现，他们的回复大多为错误的案例。

“一个应聘者的背景和我的背景很像，都是清华大学毕业，且之前都在‘工厂’基层岗位工作过，面试的时候我们谈得非常不错，但是当他入职后我才发现他并不符合岗位要求。”某企业总经理说，“我总觉得他应该表现得更出色，他的背景和他的表现不一致，也许是‘水土不服’，但这不是他应该有的表现……”

应聘者总是会将“包装”过的自己呈现在面试官面前，尽可能把自己最好的一面展示出来，尽量隐藏自己的不足。总体来说，就是上述 CEO 或高管在需要谨慎做决策的时候过度自信了，因为他们相信应聘者的“出处”！同时，他们对于没有“出处”的应聘者在不必要的情况下又过度不自信！

此外，还有一个现象就是管理者看到和自己很像的应聘者，这种“自信感”会盲目升高，反之就会走向另一个极端。由此可见，直觉是会出错或具有误导性的，但是不少管理者仍然相信自己的“直觉”，直到某个“反例”出现！

有一个访谈案例让我印象比较深刻：“应聘者的背景不错，但是我觉得她性格太外向，我自己是个严谨的人，我的直觉告诉我，做财务的人应该谨慎……但是当时着急用人，于是我就选择了她。入职后，她表现得非常出色，完全出乎我的意料。从那以后，我再也不仅凭借自己的直觉进行判断了……”

再让我们看看约翰·巴奇博士的这个原则，是否能带给我们一些方法和启示呢？

“当没有时间思考时，不要仅跟随直觉，为了小利而冒大风险。”

思考

1. 你怎么看待约翰·巴奇博士的那句话?
2. 在日常工作中，你会根据直觉做决策吗?

约翰·巴奇博士还曾提到过一项研究，研究者展示了如何通过将有意识过程和无意识过程结合在一起，做出最佳决策，而且是以这样的顺序——**有意识在先，无意识在后。**

以领导力为例，通过多年研究心理学家发现，排名靠前的领导力因素都和领导力没关系。在领导力因素中，排名第一的因素是长相，长得像领导是最重要的领导力；排名第二的因素是声音，说话声音像领导是仅次于长相的领导力；后面的因素是仪态、声望、背景。那些真正和领导力相关的理性因素，如推理能力、判断力、系统思维能力等，都排在十名之外。

人们“**无意识**”在判断一个人是否具有领导力的时候，并没有真正用和领导力相关的推理能力、判断力、系统思维能力等理性因素来进行判断，而是从表层，从人的心理感知来进行判断，认为长得像领导就具有领导力，说话声音像领导就具有比较强的领导力。实际上，长相和声音只是一个人的外在特征，是给人的第一印象，而这个人是否具有领导力，根据这些判断是没有任何意义的。如果我们采取这样的判断方式，那么产生的结果往往会与我们的期望相差甚远。

因此，我们不能让“无意识”蒙蔽自己的眼睛，避免做出错误的决策。在做决策时，我们强调“有意识在先”。

“有意识在先”就是所有判断以“能力”为先，以“行为实例”，而非表面为判断依据，用量化的语言来描述应聘者。表 6.7 所示为某岗位的能力打分表。从表 6.7 中我们可以看出，应聘者 A 非常明显具备组织协调能力，但是他明显不具备计划能力……

表 6.7　某岗位的能力打分表（应聘者 A）

刻 度 描 述	非常明显不具备该技能	明显不具备该技能	基本具备该技能	明显具备该技能	非常明显具备该技能
打分选择	1	2	3	4	5
影响力			▲		
计划能力		▲			
解决问题能力			▲		
组织协调能力					▲

以“行为实例”为判断依据的好处显而易见，它挤出了“直觉”的“无意识”的水分，尽量让其不影响面试的整个流程，不影响我们做出正确的决策。**我们所有的判断都应基于行为实例！**

之前，我在报道中看到过一则关于软银孙正义①的小故事：“有个员工做了一份很复杂的报表，交给孙正义。孙正义才看了一眼，就马上说有数据错了。这个员工赶紧拿回去重新检查，花了很长时间才找到问题。”

孙正义曾经说过，他通常会凭借直觉来理解数字。看到这里，你是否认为凭借“直觉”做判断也可以很准确，同时可以保持很高的效率呢？

为什么孙正义会有这么敏锐的直觉呢？

这里，我再告诉大家另外一个事实。在《孙正义的超常工作法》这本书中有这样一段话：“他早晨看报纸时，在阅读有关某公司决算的报道之前，会事先对销售额或利润进行预测。预测这些数值，必须在脑子里瞬间完成。”

可见，孙正义对数据敏锐的直觉也不是与生俱来的，而是经过不断地刻意“练习”和有意识的准备获得的。事实上，大多数直觉源自经验。当我们处理过多次相似事件后，大脑就会高度简化分析过程，从而形成

---

① 孙正义，1957 年生于日本，国际知名投资人。软件银行集团董事长兼总裁，阿里巴巴早期投资人。

直觉。所以，在我们大多数人都没有经过像孙正义那样的“练习”，也没有足够的经验时，**我们需要花时间在前，并摒弃所有无意识的判断，通过行为面试法比对应聘者，这才是做对决策的正解！**

前面我提到过行为面试法的可信度为0.48～0.61，这在心理学上是个很高的数值。在进行面试决策时，合理使用它一定能帮助我们进行基本正确的判断。当然，在面试中我们也离不开直觉。这里“离不开”的含义是我们无法真正做到剥离直觉对我们判断的影响。对大多数人来说，依靠直觉去做判断是不可靠的、是危险的。即使是经验非常丰富的医生，也不敢只凭直觉给患者的病情下结论，哪怕他 90%的直觉都是对的。

我们如何在做面试决策时合理利用直觉，并且不被直觉蒙蔽呢？根据多年积累的经验，我总结出这样一个原则：

如果所有的记录与分析，都表明这是个正确的人选，但是大脑中总有一种声音反对，或内心总感觉这不是个“正确”的人，那么请相信自己的直觉！

由此可见，**我们可以凭借自己的直觉去否定“技术”上的判断，但不能凭借直觉去录用没有“证据”支撑的人选！**

正如吸引力是浪漫方程式的一部分，但如果成为唯一或者主要因素就没那么好了。

思考

1. 当碰到应聘者的行为实例和自己的直觉冲突时，你是如何处理呢？
2. 事实证明，你做的决策是正确的，还是错误的呢？

第七章

Chapter ★ 07

做有魅力的面试官

» 警官与嫌疑人的对话，展示面试官的魅力

» 面试官展现企业形象：你真的很重要

» 招聘者的终极目标：成为有魅力的面试官

» 面试官是高级销售经理，每次面试都是一次市场营销活动

» 面试体验感提升，传递企业文化

事实上，那些无法进入企业的应聘者，会将自己在面试中形成的体验同其他应聘者分享，从而形成企业在用人方面的品牌效应；而那些通过面试进入企业的应聘者，又会根据自己在面试中的体验，形成对企业的看法、对企业文化的看法及对企业用人模式的看法，并且会进一步影响他们对工作和职位的看法。

警官与嫌疑人的对话，展示面试官的魅力

我先给大家讲一个电影《枪王之王》[①]中的片段。在电影中，吴彦祖饰演警官庄子维，古天乐饰演犯罪嫌疑人关友博。下面展示的这部分对白的背景是监狱房间，庄子维询问与审查关友博的片段。

庄子维：“这是交通警察送来的，趁热吃吧。1975 年香港出生，父亲在你小时候就去世了，中小学就读公立学校，1992 年会考，你是其中一个状元，中大（中山大学）心理学毕业之后，去了美国读经济，找工作比较容易吧？！2003 年，被猎头公司看中，回香港进了一家投资公司，三年就做了主管，去年光分红就有三百多万（港元）。在香港有两处房产，前年在温哥华也买了房子，送给妈妈和姐姐。你开车的技术看来不错，这么多年，一张罚单都没有，你是个很谨慎的人啊。对了，我想请教一下，有一个女孩，在她爸的葬礼上看上一个男孩，一见钟情，一个月后，这个女孩的姐姐被谋杀，凶手竟然就是这个女孩，为什么她要杀她姐姐？”

---

①《枪王之王》是由尔冬升执导，古天乐、吴彦祖、李冰冰、蔡卓妍等领衔主演的动作电影，于 2010 年 7 月 2 日在中国内地上映。

关友博："只有再办一次葬礼，才可以再见到那个男孩，所以她杀了她姐姐。"

庄子维："就为了见一个人，值得吗？"

关友博："她是一个自闭和偏执的人，只会顺从自己的思维去做事，她没得选择。"

庄子维："我没有读过心理学，不过很感兴趣，所以常常看这类的书。"

关友博："既然你怀疑我，是不是应该等我的律师在场，再回答你的问题呀？"

庄子维："你是唯一的目击证人，我必须扣留你协助调查。有好吃的就快吃吧，我们这儿的饭可没有这么丰富。我们做警察，有时候也没有什么选择。"

关友博："假的东西太多，根本就没得选。"

庄子维："有没有的选，跟这个世界无关，跟自己有关。"

关友博："你也看过这本书？马丁格文的《犯罪者与动机》。"

电影《枪王之王》的整个故事由一件震惊全港的持枪抢劫案展开，案件的焦点集中在由古天乐饰演的嫌疑人关友博身上：作为实战射击的世界冠军，他在现场击毙了歹徒，他是救人的英雄，还是抢劫案幕后的黑手？影片中吴彦祖饰演的是一名心思缜密的警察庄子维，恰好负责这个案件。

思考

如果这是个面试场景，你觉得“庄子维”这个面试官如何？

如果你曾经看过这部电影，或者以后有机会看这部电影，相信你的感受会更加强烈！

我相信，“庄子维”的外貌一定会吸引很多人，但是除此之外呢？

专业，

严谨，

细致，

有针对性，

……

如果再进一步探究，我们将庄子维对关友博的审讯看作面试，那么整个审讯的过程就相当于完美展现了一次面试过程。

庄子维在这次“面试”前一定做了充分的准备，对关友博这个人进行了详细的背景调查：1975 年于香港出生，父亲在他小时候就去世了，中小学就读于公立学校，1992 年会考并且是其中一个状元，中山大学心理学毕业之后去了美国读经济。2003 年被猎头公司看中，回香港进了一家投资公司，仅用三年时间就做了主管，去年光分红就有三百多万港元。

在香港有两处房产，前年在温哥华也买了房子，送给妈妈和姐姐。开车技术不错，这么多年，一张罚单都没有……

这份背景调查是一份关于关友博详细的简历，包括他从出生到小学、中学、大学的受教育经历及工作经历等。庄子维对这份简历十分熟悉，并根据关友博的经历进行提问：找工作比较容易吧？你是个很谨慎的人啊……

看到这里，你不妨问一下自己，在面试前，你是否做了充分的准备，提前熟悉应聘者的简历，而不是等应聘者坐到自己面前时，再一边面试一边粗略地浏览应聘者的简历呢？

你是否做了充分的准备，在面试过程中的表现是截然不同的。这一点，我相信你如果经历过数场面试，那么一定深有感触。

面试的开场白很重要，这一点我在前面讲过。看看庄子维的开场白是怎样的："这是交通警察送来的，趁热吃吧。"他没有直接审讯关友博是否犯罪，而是通过交通警察送来的食物打开局面，让被审讯者关友博放松下来，以便进行突破。

庄子维又是怎样进行突破的呢？他先请教了一个问题："有个女孩，在她爸的葬礼上看上一个男孩，一见钟情，一个月后，这个女孩的姐姐被谋杀，凶手竟然就是这个女孩，为什么她要杀她姐姐？"庄子维试图通过这个问题及关友博的回答，来探究关友博行为表现背后的心理。

当看到关友博的态度逐渐硬化："既然你怀疑我，是不是应该等我的律师在场，再回答你的问题呀？”庄子维并没有动怒，反而轻松避过：“你是唯一的目击证人，我必须扣留你协助调查。有好吃的就快吃吧，我们这儿的饭可没有这么丰富，我们做警察，有时候也没有什么选择。”他机智地通过这样迂回曲折的方式让整个审讯进行下去，以便获得更多的信息。

《枪王之王》这个场景片段，或者说在这场“面试”中，庄子维完全占据了主导位置。他不但展示了良好的专业素养，并且问的每个问题都既专业又有针对性。

你过往的面试经历是怎样的呢？你是否也像影片中庄子维那样做了充分的面试准备，在面试过程中充分展示了自己作为面试官的魅力呢？

面试官展现企业形象：你真的很重要

作为面试官，你是否从内心觉得自己很重要，并不断提升自己的面试水平，让自己在面试过程中变得更有魅力一些呢？

一个面试官的水平如何，是否专业，是否有魅力，应聘者是能够直观感受到的。我们不妨从应聘者的角度来看一下。

下面的描述是很多应聘者都遇到过的情况。

——“你好，能做个自我介绍吗？”（同时，面试官快速地浏览应聘

者的简历，似乎在寻找什么，此时面试官不知道下一个问题该问什么，几乎与应聘者没有目光接触）

——“嗯，很好，能再多介绍下自己吗？”（面试官继续阅读着应聘者的简历……）

很明显，这个面试官并没有做好准备，甚至可能连应聘者的简历都没有提前阅读过。这让应聘者感觉自己被忽视，不被尊重，同时会对面试官及面试官所在的公司产生不良印象。

我们再来看前面提到过的一个案例。

朋友 D 去 J 公司参加面试，被一脸冷漠的面试官领进面试室。在朋友 D 向面试官做自我介绍时，面试官时不时拿起手机回复微信、刷微博，等朋友 D 自我介绍完，面试官问了几个象征性的业务问题，随后说：“你可以走了。”朋友 D 就默默地离开了。朋友 D 说他感觉不像在参加面试，更像在配合面试官出演一场面试戏，连面试官是谁也不知道，他深感被羞辱。

作为面试官，你是否经历过这样的场景？你在面试中的表现是否也和案例中的面试官一样呢？你是否也把面试看作出演一场戏，认为走个过场就行呢？

每当我空闲下来时，记忆中的片段就再次出现在我的眼前。过往的面试经历让我更加意识到面试官不应该是这样的。这样的面试官是没有任何价值和意义的。作为面试官，首先要认识到面试准备的重要性——

面试官应该带着问题而去，“不打无准备的仗”。此外，面试官还要学着掌控整个面试流程，并尽量朝着一个合格的、有魅力的面试官去学习、去努力。

可能是职业经历的影响，当我作为应聘者时，我很少会紧张，哪怕是应聘非常重要的职位。但是，作为面试官有时候我会“紧张”，因为我想更好地甄别应聘者。作为应聘者，我只需要对自己负责，但是作为面试官，我不仅要为自己未来的管理负责，还要为应聘者与企业负责。可以说，面试官代表的就是企业。

此外，作为面试官，我总是希望在每一次面试中都能展现出最专业的一面，也许这就是我对这份职业的使命感。当肩负着这样的使命时，你会感觉到有一定的负担和压力——需要在有限的时间内了解一个陌生人。

根据蝴蝶效应：“一只南美洲亚马孙河流域热带雨林中的蝴蝶，偶尔扇动几下翅膀，可以在两周以后引起美国得克萨斯州的一场龙卷风。”昨天的因，引起今天的果，而今天的因又会造成明天的果，上面被谈论的面试官和公司的人力资源管理肯定会受到影响。

领英曾针对求职过程中面临的各种问题，调查了全球两万多位会员在求职到入职的整个过程中与企业人力资源从业人员的互动情况。

调查发现，面试经历将影响绝大部分职场人士对新工作机会的接受态度！

相关调查显示：97%的职场人士明确表示，面试经历是他们决定加入公司还是继续求职历程的重要因素；83%的人才表示，负面的面试经历会改变他们对心仪职位或公司的看法；87%的人才表示，良好的面试经历会改变他们对原本持犹豫态度的职位或公司的看法。

面试是招聘成功与否的关键，面试经历会对每个人的职业生涯产生极大影响。每一次面试，都是面试官在舞台上展现自己和企业形象的机会。面试官只有抓住每一次舞台表现的机会，才能塑造出优秀的自己。

招聘者的终极目标：成为有魅力的面试官

当你意识到，作为面试官，自己非常重要的时候，你已经迈出了成为有魅力的面试官的第一步。那么，如何才能成为有魅力的面试官呢？

我遇到过很多职业经理人，他们经常抱怨：我们的薪水不具备竞争力，我们的企业名气不够，竞争对手的福利比我们好……因此，应聘者总是拒绝我们的 Offer，我们需要改变……

但是，在以往的职业经历中，我发现有一个很重要的因素往往被我们忽略了，它就是面试官。面试官要相信自己的表现，相信可以通过展现自身的魅力，给应聘者留下良好的印象，并使他们愿意选择自己所在的公司。

在第四章中，我详细描述了招聘面试前做准备的重要性、如何做准备、需要准备什么等；在第五章中，我也以理论结合实践的形式介绍了如何进行一场完美的面试。可以说，这些都是面试“硬件”，掌握了这些，你就具备了成为一个专业的面试官的基本条件，但这还不足以让你变得足够有“魅力”。让我们看看还有哪些“软件”能让你变成有魅力的面试官吧！

心理学家卡耐基在其名著《如何赢得朋友及影响他人》中总结了六条给人留下良好印象的途径。

» 真诚地对别人感兴趣。

» 微笑。

» 多提别人的名字。

» 做一个有耐心的倾听者，鼓励别人谈他自己。

» 谈符合别人兴趣的话题。

» 以真诚的方式让别人感到他自己很重要。

上面提到的六点你做到了吗？做到了几点？很明显，你做到的越多，你的魅力越大。那么，如何判断自己是否是有魅力的面试官呢？你可以根据表 7.1 进行有魅力的面试官测试。

表 7.1　有魅力的面试官测试表

选　　项	从来没有	很少	偶尔	经常	总是
1. 在以往的职业经历中，你会为面试做准备吗	1	2	3	4	5
2. 你会带着问题去面试吗	1	2	3	4	5
3. 在面试中，你会真诚地对别人感兴趣吗	1	2	3	4	5
4. 在面试中，你会常常微笑吗	1	2	3	4	5
5. 在面试中，你会多次提别人的名字吗	1	2	3	4	5
6. 在面试中，你会做一个有耐心的倾听者吗	1	2	3	4	5

根据上面的测试表，我们可以用里面的 6 个问题给自己打分。那么，你给自己打了几分呢？通过给自己打的分数，我们可以测试出自己是否是有魅力的面试官。

第一，6 个问题中哪个得分最高，分数达到 5 分了吗？如果你有一个问题得分最高，这可能就是你做得最好的领域。

第二，问题 1 和问题 2 的总分是否达到或超过 9 分？问题 1 和问题 2 是关于面试前的准备的，如果你的分数达到或超过 9 分，则说明你已经做了充分的准备，反之则需要在这方面改进。我们要知道，一次成功的面试，源于精心的规划！面试的准备工作必不可少。

第三，问题 3、4、5、6 的总分是否达到或超过 18 分？如果问题 1 和问题 2 是一场成功面试的基础，即“硬件”，那么余下的就是成功面试的“软件”。你的“软件”部分得分越高，说明你作为面试官的魅力越大。你的魅力值是多少呢？

第四，你得分最低的是哪个问题，分数是多少？得分最低的那个问题很有现实意义，这是你成为有魅力的面试官需要抓住的机会。

做完以上测试后，我们不妨带着自己的测试结果，一起再来探讨这些问题。对于问题 1 和问题 2，在前面我已经进行了详细的介绍，如果做个简单的小结，那么我们可以遵循下面的重点事项进行检查。

第一，阅读并理解工作描述，同时参阅必要的信息（该岗位上一周期绩效回顾表、关键任务、绩效目标和离职访谈反馈等）。

第二，明确此岗位的关键工作能力（专业能力和通用能力）。

第三，根据该岗位的工作能力，设计面试问题（行为面试题）。

第四，阅读应聘者的简历，圈出你所关注的重点或有疑问的地方。

第五，准备面试评估表。

第六，至少准备 5 个行为面试题。

当你对以上 6 个事项进行检查后都已经完成，说明你已经做了充分的面试准备。恭喜你，你的“硬件”部分已经过关了。

下面，我们进行“软件”部分的改进，也就是后面 4 个问题。我将其总结为 4 个关键词：

微笑，真诚，多提别人名字，倾听

多年前，我面试了一个应聘人力资源总监的女士。也许应聘者看我的年龄小于她，也许是她确实有足够优秀的背景，从面试的那刻起，她就保持着高傲的态度，脸上没有一丝微笑，不停地说着自己的履历和对于行业的认识，炫耀自己有多厉害。她很优秀，但是她并不吸引我。微笑是一种礼节，是向对方表示尊重，我们倡导多微笑，当然我不建议你时刻微笑。微笑看似简单，但也需要讲究一定的技巧。面试中的微笑要恰到好处。比如，当对方看向你的时候，你可以直视他微笑、点头；当对方发表意见时，你可以一边听一边微笑。但是，如果你不注意微笑程度，微笑得过于放肆、没有节制，就会有失身份，引起对方反感。

在 Change Friendly Leadership 中，管理教练邓肯介绍了自己是如何从 PBS NewsHour 主持人莱勒那里学到关于慢慢倾听的技巧的。

> 邓肯：他建议我问一个好问题，然后认真听对方的回答，再在问下一个问题之前，在心里默默地数到五。刚开始，我觉得这个建议很傻。我觉得这五秒钟的时间就好像在别人回答完问题后的无尽等待。后来我突然想到——它当然看起来像是无尽的，因为我们自然的本能是填补声音的空白，通常，是用我们自己的声音。
>
> 莱勒：如果你能够抵制住诱惑不立刻对答案做出反应，你会发现一些神奇的事情。对方有可能会补充他已经说的内容，或者会提到其他的事。无论是哪种情况，他都补充了自己的答案，你就能够更清楚地了解他的头脑和内心。
>
> 邓肯：给别人足够的心理喘息空间似乎能够创造奇迹。当我控制住自己自然出现的不耐烦情绪，不着急继续下去的时候，他们似乎就更愿意表达、表现自我，有时候甚至展现自己的弱点。当我把面试的过程更多地当成一场有目的的交谈而不是审讯式的问答之后，交流的语气软化了。这个过程就变成了两个人在说话……

我们再来看一个真实的案例。

“想起来就一肚子火。我碰到的校友面试官实在太差了，90 分钟的面试，我实在有太多的东西可以抱怨。

“学校给了我两个校友的联系方式，我选择她是因为她是 PE①的，想接触一下精英，想了解她毕业后的经历。她约我于周日上午 11 点在一家星巴克见面。我提前半小时穿着正装到达。这家星巴克有室内和室外两个场所，室内很小，人多嘈杂；室外比较空旷，人也少，是个可以谈话的地方。自然我选择了室外。在 10 点 50 分的时候，我收到她的短信，讲她会晚到 10 分钟，我回信给她讲没关系，并告诉她不用急。在 11 点 10 分的时候，我接到她的电话，讲她在星巴克里排队买东西。买完以后，她要求坐在室内，我自然听从。后来，她就一边吃糕点，一边进行面试了（我第一次碰到有人一边吃东西一边进行面试）。整个面试过程都是在人多嘈杂的环境里进行的，想象一下，咖啡机偶尔还会发出巨大的响声。她的声音很小，我一直是探着身子去听的。

“她的提问方式特别没有礼貌。一直是这样的循环：她提问—我回答—她打断我的讲话（往往是我刚讲两三句话，她就提问刚想到的问题）。”

行为面试法提问的核心不是去评判应聘者回答或应对的速度，而是获取行为实例，我们有时候需要耐心等待，允许应聘者沉默，甚至安抚应聘者的紧张情绪。当然，当应聘者明显偏离主题或没有讲述行为实例

① 私募股权投资（Private Equity，PE），是指通过私募形式募集资金，对私有企业（非上市企业）进行的权益性投资，从而推动非上市企业价值增长，最终通过上市、并购、管理层回购、股权置换等方式，出售持股获利。

的时候，我们需要及时打断。

例如：“王强，对不起，我可以打断下你吗？能直接告诉我，你在这个项目中扮演什么角色吗？”

戴尔·卡耐基在《如何赢得朋友及影响他人》一书中提到：“对一个人来说，他的名字是最亲切、最重要的声音！”

例如，当应聘者认真回答问题时，两位面试官进行了不同的提问。

面试官 A：“直接告诉我，你在这个项目中扮演什么角色？”

面试官 B：“王强，对不起，我可以打断下你吗？能直接告诉我，你在这个项目中扮演什么角色吗？”

当你在面试中，多次提对方的名字，可能会瞬间缓和犀利的“攻势”，因为亲切的感觉会让应聘者觉得自己被尊重了。每个人的心里都有一种被认可和被尊重的趋向，当感受到别人对自己的认可和尊重时，人与人之间的距离就会无形中拉近，你就可以轻易获得对方的好感。当然，面试中要真诚地注视对方，表示对他的回答感兴趣，一定不能东张西望或心不在焉，更不能不停地看手机，也不能用电脑浏览与面试无关的内容或回复工作邮件，要提前做好时间安排，保证面试的连续性。

我看到过一个非常有意思的数据，据专家研究，人的谈话速度是每分钟 120～180 个单词，而人的思维速度是谈话速度的 4～5 倍，所以对方还未说完或只说了几句话，我们就可能已理解他的全部意思。事实证明，倾听很重要，在面试中，面试官要做一个有耐心的倾听者。即使你认为对方所说的无关紧要或者错误，仍要从容且认真地倾听。虽然不必表示你对他所说的都赞同，但也应适当地以点头或应声之类举动，表示你的注意和兴趣。你的倾听会让对方感觉受到重视和尊重，从而变得放松，愿意讲述更多的内容，传达更多的信息。

同时，作为面试官，在倾听的时候，你不仅要听对方所说的内容，更要留意他所表现出来的情绪，对他的情绪加以准确捕捉，尤其要注意对方尽量避而不谈的那些方面，那些方面可能正是问题的关键所在。必要时，你可以将对方所说的予以提要重述，以表示你在注意听，也鼓励对方更深入地说下去，以获得更多行为实例。

当然，在谈话中间，难免会遇到面试官和应聘者观点冲突的时候。在这种情况下，自己在情绪上不要过于激动，此时要尽量避免直接质疑或反驳，要让对方畅所欲言。即使有问题，也要稍后再查证。此时获知对方的真实想法是最重要的。

总之，在整个面试过程中，你要始终表现出对应聘者的尊重与信任。这是一条根本原则。对应聘者表现出尊重，是面试获得成功的必要条件，否则即使你再有魅力也于事无补。你对应聘者表现出信任，应聘者才愿意和你说话，认真回答你提出的问题，这是人际关系中的互动原理，任何单方面的要求都将遭到心理上的排斥。

你能做到以上的要求吗？如果你做到了，你就具备了成为有魅力的面试官的基本条件。如果你还没有做到，那么请参照表 7.2 进行自我改进吧！

思考

结合上文内容，参照你的测评分数想一想如何在改进计划表中发现自己的成长机会？

表 7.2 有魅力的面试官自我改进计划表

自 查 环 节	目前状态大于 3 吗？为什么	改 进 计 划
1. 在以往的职业经历中，你会为面试做准备吗		
2. 你会带着问题去面试吗		
3. 在面试中，你会真诚地对别人感兴趣吗		
4. 在面试中，你会常常微笑吗		
5. 在面试中，你会多次提别人的名字吗		
6. 在面试中，你会做一个有耐心的倾听者吗		

面试官是高级销售经理，每次面试都是一次市场营销活动

成功猎取到一位高级人才并不容易。在相对理想的状态下，猎头每周需要推荐 20 份精准简历，经历面试、发出 Offer，最后真正入职的会有 1 个人。之所以会出现这种情况，是因为猎头的“狩猎行动”往往涉

及对大量人才的筛选工作，对于精心挑选出的“猎物”也需要进行全面、系统的了解。

根据这个数据，推荐20份精准简历，才能大概有1个人成功入职，那对于普通的招聘，需要经过多少场面试才能招聘到一个合适的人才呢？实际上面试完，没有招聘到合适的人员是常态，成功地招聘到合适的人才反而是小概率事件。

如果从销售的角度来看，那么猎头已经算是销售冠军，普通企业面试官则算是普通销售人员。猎头与普通企业面试官的区别在于，普通企业面试官需要面临招聘“售后”问题。

我曾经有一个猎头出身的下属，他的招聘效率非常高，但是他有个特点——“疾恶如仇”，对于“合适”的应聘者非常友善，对于“优秀”的应聘者非常尊敬，但对于表现欠佳的应聘者，就会有些不屑，总是快速淘汰掉表现欠佳的应聘者，效率的确非常高。后来一个实习生找到了我，并且发给我一个链接，是当地一个城市论坛（当时我任职企业是这个城市里最有名的外资企业之一）。打开链接后，我发现论坛里有很多关于我所在企业的负面评价，并且很多矛头集中在招聘端。

“招聘人员素质不怎么样，企业也不会好到哪里……”

“这家企业‘硬件’不错，‘软件’不行，面试官很凶悍……”

……

如果你现在尝试在浏览器中输入“不愉快的面试经历”，那么我相信你会有很多惊奇的发现……其实更可怕的是，很多细分的行业领域更垂直，移动互联网的传播速度更快、更猛，造成的影响更大。当企业有了“坏名声”，很快就会在这个垂直细分领域中“出名”了。

显然，作为一个面试官，如果没有维护好公司的形象，甚至由于自己不专业的面试使所在公司美誉受损，产生招聘“售后”问题，那么这样的面试官一定不是一个好的销售人员。因为面试官不专业的态度让面试变得很糟糕，应聘者的体验很差，自然不会为此“买单”，不愿意选择并加入公司，还会给公司贴上很多负面标签。

调查显示，67%的应聘者会因为糟糕的面试体验而拒绝工作。在常见的面试过程中，许多人力资源从业者也常常只关注面试的直接功能性目的（招募人才），却忽视了面试对于众多应聘者的另一种影响。每个员工的言行举止，都代表着企业文化的一种传递，企业的招聘人员更是如此。企业的招聘人员是宣传企业的一个窗口，应聘者从他们身上感受企业的价值观、信念及处事方式，尤其是对待人才的态度。

在阿里巴巴的发展历程中，有一个关键人物——蔡崇信，在阿里巴巴最为关键的时刻，是蔡崇信用自己在金融界的人脉为阿里巴巴募得了投资！而他为什么放弃高薪加入阿里巴巴，很大程度上归功于阿里巴巴的企业文化及马云的个人魅力。当时蔡崇信来到阿里巴巴的办公场地——一个挤着 20 多人的四居室，他发现在那样艰苦的条件下，却不难从公司员工的表情中看出他们的激情和愉悦，在和马云进行深入沟通后，他主动放弃了自己原来的工作，成为一个只有几百元月薪的阿里人，这一举动让当时公司的员工十分感动。

实际上，那些无法进入企业的应聘者，会将自己在面试中形成的体验同其他应聘者分享，从而形成企业在用人方面的品牌效应；而那些通过面试进入企业的应聘者，又会根据自己在面试中的体验，形成对企业的看法、对企业文化的看法及对企业用人模式的看法，并且会进一步影响他们对工作和职位的看法。由此可见，企业文化的潜在宣传贯穿于招聘的整个过程中。

总而言之，你一定要清楚：**面试官是高级销售经理，每次面试都是一次市场营销活动！**

面试体验感提升，传递企业文化

想要做好销售，提升应聘者的面试体验是重中之重。那么我们应如何提升应聘者的面试体验呢？我觉得可以从以下三个方面入手。

第一，感官体验：从招聘海报到面试环境，呈现给应聘者视觉、听觉为主的感官体验，强调美学和可传播性。

第二，互动体验：从面试通知、现场面试和面试反馈，全面呈现给应聘者专业、尊重、平等的互动体验，强调友好和舒适性。

第三，情感体验：面试过程充分展示企业优势，直击应聘者内心深处，触发个人情感，形成一种高度的情感认可效应。

具体面试体验提升方式如表 7.3 所示，我在这里用面试的时间线（面试前、面试中和面试后），将如何提升面试体验做了一个总结。

表 7.3 面试体验提升

面 试 前	面 试 中	面 试 后
面试邀约： 原则：我是“乙方” 一、专业的话术模板 1. 我们是谁 2. 我是谁 3. 什么职位；什么时候面试 4. 面试地点 二、用合适的语气介绍面试信息，并保持清晰度和条理性	面试的接待： 原则：应聘者是你的客户 1. 指定负责人员 2. 确定你需要“售卖”的内容	面试结果通知： 原则：及时反馈 1. 好的面试结果尽可能用电话通知 2. 不好的结果建议用邮件通知

面试前的重点是面试邀约，**原则是我是“乙方”**。作为人力资源从业者，每天要打很多电话通知应聘者前来面试，但对求职者来说，他们大多数虽然会投很多简历，但是一天也就得到一两个面试邀请，这时候很容易紧张，不敢多提问，我碰到过很多求职者在电话沟通后连应聘什么职位都不知道，更不要说公司的名字。什么是“甲方”呢？从契约角度来看，“甲方”往往掌握着更多主动权和控制权，并且有着无与伦比的优越感。我是“乙方”这个原则，就是让应聘者暂时成为“甲方”，对对方能够“善良一点”，用“心”对待每一次互动！在进行面试邀约时具体来说可以从以下两个角度入手。

第一，专业的话术模板。企业需要准备好专业的话术模板，即在与应聘者的互动中传递：1. 我们是谁；2. 我是谁；3. 什么职位，什么时候面试；4．面试地点。例如：

“请问您是王伟先生吗？您好，我叫 Emma，是××公司人力资源部的，我们收到一份您的简历，是应聘产品经理的，我们觉得您各方面都十分符合产品经理岗位的要求，所以邀请您参加下周一上午 10 点的面试，面试地点是××大厦。稍后我会将行车路线发至您的邮箱。您还有其他问题吗？期待与您相见。再见！”

第二，用合适的语气介绍面试信息，并保持清晰度和条理性。“有什么样的感情，就会产生什么样的气息。”我之前参加过一场关于朗读技巧的培训，里面还提及“有什么样的气息，就会有什么样的声音状态”。我记得里面有个具体的语气运用规律：爱则气徐声柔，憎则气足声硬，悲则气沉声缓，喜则气满声高，惧则气提声抖，急则气短声促，冷则气少声淡，怒则气粗声重，静则气舒声平等。我自己也接到过很多面试邀约电话，大多都是“急”“憎”或“冷”，让人感觉十分不舒服。因此，我建议换个角度，带着“爱”去和应聘者沟通，应聘者才是“甲方”。

在面试中，你需要留意的是“接待”，既然你是“乙方”，那你的原则就是：**应聘者是你的客户**。指定负责人员，是指企业需要有专门的面试对接人员，因为负责招聘的人员或这个职位的面试官有的时候会由于某些原因迟到，导致在原定的面试时间“找不到人”。举个真实的经历，我曾经碰到一个应聘者足足等了一个半小时，前台行政人员也找不到面试官，应聘者根本找不到负责人（前台行政人员只负责电话通知人力资源部有人前来面试)，大家“各自为政”。“接待”的含义是把接待应聘者这件事作为一个工作任务列入 KPI[①]管理，指定负责人员。

很多企业会把自身的愿景、使命、价值观、企业对于人才的要求，以及很多企业所鼓励的符合企业价值观的行为案例放到显眼的地方，这些“人工制品”[②]就是外显的企业文化产品。他们看得见、听得见（如在企业前台或会议室会有滚动播放的企业希望宣传的内容)、摸得着（如放在会议室里的宣传文案、企业的杂志、员工制服、企业的产品模型或实物)。确定你需要“售卖”的内容，就是提前规划好如何让应聘者在面试的过程中，“看到”“听到”“摸到”企业所希望他们触及的东西。

面试后，大多数企业只关注如何将 Offer 发到应聘者手中，而往往忽视了未被录用者，未给予未被录用者应有的尊重。因此，企业需要秉持的一个原则就是**及时反馈**：好的面试结果尽可能用电话通知，不好的结果建议用邮件通知。

在人才愈演愈烈的争夺战中，互联网上的面试评价信息可以给企

---

① 关键绩效指标（Key Performance Indicator，KPI）是通过对组织内部流程的输入端、输出端的关键参数进行设置、取样、计算、分析，衡量流程绩效的一种目标式量化管理指标，是把企业的战略目标分解为可操作的工作目标的工具，是企业绩效管理的基础。

② 艾德佳·沙因：美国麻省理工学院斯隆商学院教授，在组织文化领域中，他率先提出了关于文化本质的概念，对于文化的构成因素进行了分析，并对文化的形成、文化的同化过程提出了独到的见解。他认为通常企业文化由三个层次组成：人工制品（物质形态层次)；信仰与价值；基本隐性假设与价值。人工制品是那些外显的文化产品，能够看得见、听得见、摸得着（如制服)，但不易被理解。

业其他潜在的应聘者提供参考和判断，所以面试环节中的每个细节都值得我们去关注，因为这些细节往往会直接影响应聘者是否选择来企业工作，甚至负面的信息会影响应聘者对企业的看法，无形中增加了企业的用人“成本”。

艾德加·沙因是企业文化领域的开创者，“组织文化”一词被业界公认是由他最早提出的，在其代表作《组织文化与领导》中，沙因将组织文化分为三个层次：第一个层次是人造事物和创造物（前面所提到的“人工制品”），然后分别是价值观念①和深层假设②。

试想下，在一个价值观上标明“尊重人才”或“人才第一”的组织，却让你遭遇相反的感受，你会如何判断该企业的文化呢？实际上，企业想要传递的内容并不能仅靠某种符号，还需要人作为介质。企业的“可感知行为”是提升面试体验的关键！以时间为线，以细节切入，这种“自上而下”的提升带来的变化固然可喜，但是**作为面试官的你，准备好了吗？**

① 价值观念：藏于人工制品之下的便是组织的“信仰与价值”，它们是组织的战略、目标和哲学。例如，将银行和广告公司的文化加以比较，我们会发现，在银行的文化中，成功来自严格的财务控制、保守谨慎和对管理等级制度的尊重。相反，广告公司的文化则可能将个人的自我想象视为成功的来源，因此不太重视权威和意见的交流。在这两类企业中，那些过去发生的事都能体现出企业的价值观，进而反映出企业文化。

② 深层假设：组织文化的核心或精华是早已在人们头脑中生根的不被意识到的假设、价值、信仰、规范等，由于它们大部分出于一种无意识的层次，所以很难被观察到。

后 记

Epilogue

面对各种挑战，结果往往是难以预测的。探索如何选人的奥秘已非新鲜的课题，本书的理念和一些方法是否有用取决于什么呢？

婚姻和家庭执业心理治疗师琳·洛特（Lynn Lott），具有在全球提供心理治疗服务的丰富经验，在《做你自己的心理治疗师》一书中提到自我的改变包括四个步骤：愿望、觉察、接纳和选择。

在生活和工作中，当你感到失望、痛苦、纠结的时候，当你对自己的一些处理事情的方式或对待事物的方法感到不满的时候，改变的"愿望"就会产生。你开始尝试选择一个合适的方式，迈出自己的第一步。

觉察，指察觉；发觉，看出来。自我觉察是指个人知道、了解、反省、思考自己在情绪、行为、想法、人际关系及个人特质等方面的状况、变化及发生的原因。自我觉察意味着一个人开始超越自己对已知事物的沉淀和储存，从无意识到有意识转变。

记得在刚进入金佰利公司从事人力资源工作的时候，我挺“高傲”的，觉得进入了世界500强，“春风得意”，做事情的方式也非常激进，迫切希望通过自己的努力快速晋升到更高的位置。有一次，公司对所有员工做了一个360度的反馈，当时我很好奇自己会获得怎样的评价，在这个反馈里，我的上级、同事会给我在特定维度打分。

结果如何呢？当我拿到反馈报告的时候，第一反应是吃惊，想不通为什么会获得低于自己预期的评分；第二反应是愤怒，我不敢看反馈报告，但是非常想找出谁给我打出这样的分数，并且希望与他当面对质，但是整个评价过程是匿名的；最后，我拒绝了我的反馈报告，并找了很多理由去推翻这样的打分方式。

后来，我逐渐平静下来，并不断驱使自己去思考。我开始正视那份报告，并积极、正面地接受反馈。重新审视自己后，我发现原来自己真的有很多不足，不由地产生了焦虑。我该怎么办呢？这是对我的考验，同样是一个机会，焦虑促使我重新思索工作方法，并寻找改变和提升的机会。每个人都有自我保护的心理，没有人愿意听“坏话”。改变的愿望，从无意识到有意识就是觉察，很多时候来自“痛”！

作为领导力讲师，我曾多次被客户问及以下问题：如何才能提高领导力？什么是最好的方法？你的方法是否适合我？我太忙，没有时间学习理论，是否有同行案例可以参考？打个比方，对于一个自认为没有“生病”的人，你却硬要在短时间内给他吃很多“药”，他能否接受的关键在于他是否觉得自己“病”了或者是否感受到“痛”了。

人的行为动机有两个：逃离痛苦和追求幸福。

对于工作中的问题和挑战，并不存在所谓的“特效药”和快速解决的方法，反而各种“动机”背后的出处更值得探究和思考，这是我们常常容易忽略的。如果你“痛”了并知道“痛”在哪里，如果你希望自己做得更好并知道哪里不足，那么恭喜你已经成功迈出了第一步！

本书详细叙述了招聘的理念和一些方法、技能，希望能“治疗”你的“病痛”，帮助你达成心愿！

谨以此书与所有的招聘者、管理者互助交流，共同探索！

参考文献

Reference

[1] 米哈里·希斯赞特米哈伊．创造力：心流与创新心理学[M]．黄珏苹，译．杭州：浙江人民出版社，2014．

[2] 徐笑君．职业生涯规划与管理[M]．成都：四川人民出版社，2008．

[3] 时蓉华．社会心理学词典[M]．成都：四川人民出版社，1988．

[4] 克莱顿·克里斯坦森，詹姆斯·奥沃斯，凯伦·迪伦．你要如何衡量你的人生[M]．丁晓辉，译．舒适阅读版．北京：北京联合出版公司，2018．

[5] 拉斯洛·博克．重新定义团队：谷歌如何工作[M]．宋伟，译．北京：中信出版集团，2019．

[6] 卡罗尔·德韦克．看见成长的自己[M]．杨百彦，乔慧存，杨馨，译．北京：中信出版集团，2011．

[7] 宋荣，谷向东，宇长春．人才测评技术[M]．北京：中国发展出版社，2012．

[8] 寇家伦．人才测评[G]．北京：中国发展出版社，2006．

[9] 高建设．胜任特征：高层管理者胜任特征模型构建与应用[M]．北京：航空工业出版社，2009．

[10] 杨国安．组织能力的杨三角[M]．北京：机械工业出版社，2015．

[11] 杰克·韦尔奇，苏茜·韦尔奇．赢：韦尔奇一生的管理智慧[M]．余江，译．北京：中信出版社，2005．

[12] 戴尔·卡耐基．如何赢得朋友及影响他人[M]．蒋岚，译．北京：光明日报出版社，2006．

[13] 史蒂芬·柯维．高效能人士的七个习惯[M]．王亦兵，译．北京：中国青年出版社，2018．

[14] 韩啸．李彦宏：百度与智能时代的畅想[M]．北京：中国言实出版社，2015．

[15] 林崇德，张春兴．发展心理学[M]．杭州：浙江教育出版社，2004．

[16] 拉姆·查兰．领导梯队：全面打造领导力驱动型公司：第 2 版[M]．徐中，林嵩，雷静，译．北京：机械工业出版社，2011．

[17] 三木雄信．孙正义的超常工作法[M]．王柏静，译．北京：中信出版社，2014．

[18] 约翰·巴奇．隐藏的意识：潜意识如何影响我们的思想与行为[M]．柴丹，译．北京：中信出版社，2018．

[19] 陶琳，王伟杰．HR 玩转招聘：HR 实战学堂[M]．北京：中国劳动社会保障出版社，2017．